まちごとチャイナ
四川省 005

青城山と都江堰
「天府の国」の原像訪ねて
［モノクロノートブック版］

　四川省の高原地帯から流れてきた岷江が、平野部に現れる地点に築かれた都江堰(成都60km北西郊外)。紀元前250年ごろ、秦の李冰父子によって建設されたこの水利施設によって、成都平原に水がめぐらされ、「天府の国」とたたえられる豊かな大地がつくられた。

　この都江堰から12kmほどの距離にそびえるのが道教聖地の青城山で、1年を通して青々とした山並みが見られることから青城山の名前がある。後漢代(2世紀ごろ)に張陵が拠点をおき、五斗米道が組織

されたため、青城山は道教の発祥地のひとつとされる。

　成都郊外にはその後の成都平原や中国に大きな影響をあたえる遺構が残り、三星堆遺跡もそのひとつにあげられる。目の飛び出した仮面や黄金マスク、黄河や長江文明とは明らかに異なる第3の古代文明の存在は、世界を驚かせた。成都郊外にある景勝地のうち、青城山と都江堰は世界遺産に指定されている。

Asia City Guide Production
Sichuan 005
Qingchengshan
青城山和都江堰／qīng chéng shān hé dū jiāng yàn
／チィンチャンシャンハアドゥジィアンイェン

| まちごとチャイナ | 四川省 005 |

青城山と都江堰

「天府の国」の原像訪ねて

アジア城市（まち）案内 制作委員会
まちごとパブリッシング

まちごとチャイナ
四川省 005
青城山と都江堰

Contents

青城山と都江堰 ... 7

二千年富ませた大事業 ... 13

都江堰城市案内 ... 19

青城山発の道教教団 ... 37

青城山鑑賞案内 ... 41

黄龍渓城市案内 ... 57

安仁古鎮城市案内 ... 63

郫都城市案内 ... 71

西郊外城市案内 ... 79

南西郊外城市案内 ... 87

北郊外城市案内 ... 91

三星堆鑑賞案内 ... 99

中国第3の古代文明 ... 107

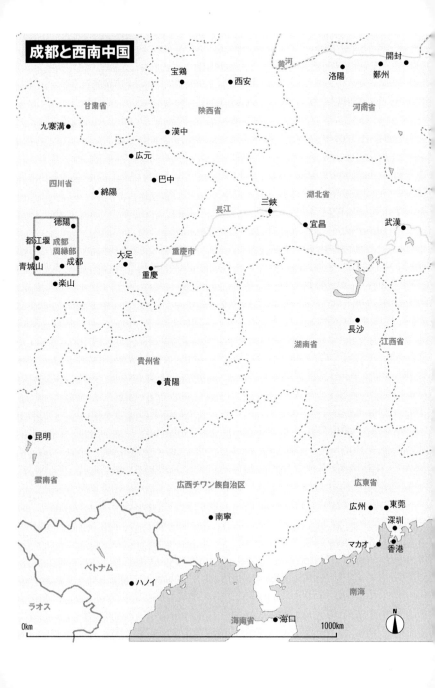

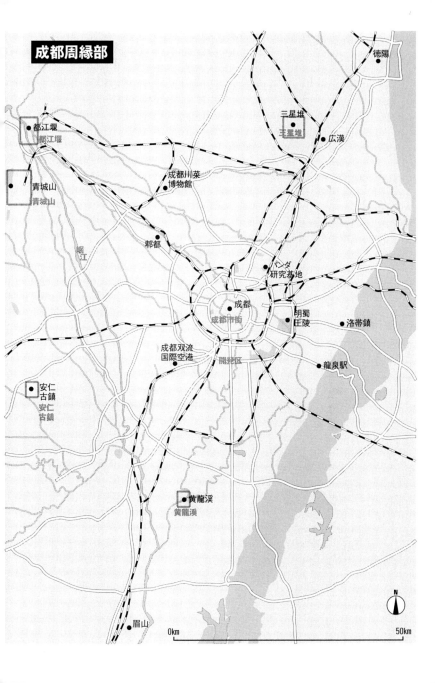

012

青城山と都江堰／「天府の国」の原像訪ねて

★★★
都江堰／都江堰 ドゥジィアンイェン
青城山／青城山 チィンチェンシャン
三星堆博物館／三星堆博物馆 サァンシィンドゥイボオウグゥアン

★★☆
岷江／岷江 ミィンジィアン
黄龍溪古鎮／黄龙溪古镇 フゥアンロォンシイグウチェン
安仁古鎮／安仁古镇 アァンレングウチェン
成都川菜博物館／成都川菜博物馆 チェンドゥチュウアンツァイボオウグゥアン

★☆☆
郫都／郫都 ピイドォウ

Introduction
二千年富ませた大事業

万里の長城、京杭大運河にもくらべられる都江堰の造営
また黄河文明と長江文明と同時代にあった三星堆遺跡
中国内陸部発、第3の極の姿

天府の国

　「諸夏の富有を兼ぬ(中国の富全部に匹敵する)」。肥沃なことから「天府の国」とたたえられてきた四川盆地。北西より流れてきた岷江の水は、都江堰(成都郊外)によって分水され、成都平原中に水路がはりめぐらされている。ここでは米、麦、菜種油、とうもろこしといった農産品、みかん、オレンジ、もも、なし、りんご、すいかなどの果物が収穫され、また塩と鉄、銅、木材の産地でもあった。くわえて「全国の人が着る服すべてをまかなうことができる」というほど、絹織物業が盛んで、四川盆地の豊かな食物、地下資源は、中央から離れて独立できるだけの経済基盤となっていた。この「天府の国」の原動力となった都江堰は、秦の紀元前250年ごろに完成し、続く漢代に成都は長安につぐ規模の大都市となっていた。

中国を代表する土木事業

　北方民族の侵入を防ぐために築かれた、秦の始皇帝(紀元前259〜前210年)による「万里の長城」と、南方の物資を華北へ運ぶ、隋の煬帝(569〜618年)による「京杭大運河」の中国二大土木事業。四川盆地を天府の国へと変えた秦の李冰(紀元前

250年ごろ)による「都江堰」は、上述のふたつの事業に匹敵すると言われる。荒れた河川だった岷江は、緻密に計算された水利施設の都江堰で、水量が少ないときには成都平原へ十分に水が流れるようにし、同時に洪水のときは成都方面でなく外江に水が出ていくようになっていた(灌漑と洪水対策を同時に行なった)。万里の長城や京杭大運河が時代とともに役割を終えたのに対して、都江堰は今でも使われているところを最大の特徴とする。

道教のかんたんな歩み

　道教は、儒教、仏教とならぶ中国三大宗教のひとつ。道教を定義することは難しく、道教は古代中国の神仙思想、民間信仰、老子や春秋時代の道家の説、古代中国の宇宙観である陰陽五行説などをもとにする。この道教がはじめて教団化されたのが後漢末の張角による太平道と、張陵による五斗米道だとされる。両者はいずれも後漢末の混乱のなかで、病気の治癒や呪術的方法によって教団を組織し、信者を獲得していった。このうち五斗米道の拠点は成都郊外の青城山にあり、青城山は道教発祥地のひとつにあげられる。1世紀ごろ仏教が中国に入ってくると、それに対抗するかたちで道教の教義や教団組織も体系化されて、儒教や仏教に対する「道教」という言葉も定着した。やがて五斗米道の教団は、龍虎山(江西省)に遷って、張陵の子孫が代々、天師と称したことで「天師道」と呼ばれた。この旧道教の天師道に対して、金代に成立した全真教を新道教と呼ぶ。また五胡十六国の成漢(304～347年)は、青城山の道士、范長生(～318年)の権威を背後に、この地方を統治した(范長生は都江堰でまつられていたこともある)。

謎の仮面王国、成都にあった古代文明

道教発祥地のひとつにあげられる成都郊外の青城山

四川盆地を天府の国へと変えた水利施設の都江堰

成都郊外の構成

　青城山と都江堰は成都市の北西隅に位置し、成都市の北西から西側にかけては、チベット高原へ続く丘陵(高原)と成都平原(四川盆地)のちょうど境界となっている。前山と後山からなる青城山の後山は、チベット高原が東側にせり出した地点にあたり、都江堰も同様に高原地帯を流れてきた岷江が平原部に出る場所に築かれている。また三星堆を築いた古蜀国の担い手は羌族だったと言われ、当初、彼らは岷江上流の高原部にいたが、紀元前1700年ごろ、成都平原の三星堆(成都の北40km)へ移住してきたという。成都は四川盆地のなかでは西側に位置するため、「川西民居」「西川節度使」といった言葉が使われてきた。

四川省を代表する立派な橋、上部には楼閣が載る

Du Jiang Yan
都江堰城市案内

**都江堰は岷江の流れを受けとめ
そして成都平原各所へ水を流す水利施設
万里の長城や京杭大運河にもくらべられる大事業**

都江堰／都江堰★★★
dū jiāng yàn
ドゥジィアンイェン

　都江堰は、紀元前316年に四川の地を征服した秦の恵文王から、2代後の昭王のとき、蜀郡の太守李冰によって築かれた。工事は李冰とその子によって紀元前256年から前51年のあいだに行なわれ、緑碧の岷江の流れをコントロールする水利施設が完成した。都江堰は、四川丘陵部を流れてきた岷江(大江、都江)がちょうど成都平原に出る地点にあり、一定しない岷江の水量は、都江堰の頂部で分流され、必要な水は内江に、不要な水は外江に流れていく。灌漑と洪水対策が同時に行なわれていて、成都平原の隅々にまで水が行き渡り、「天府の国」と言われる穀倉地帯ができあがった(都江堰から成都方面にひかれた二江は、運河としても機能し、梓、柏、大竹などが成都に運ばれた)。都江堰という名称は、三国時代にこの地にあった「都安県の西側に築かれた堰(ダム)」を意味し、都安大堰や大堰、また金堤、湔堰などと呼ばれ、やがて都江堰という名称で定着した。魚嘴、金剛堤、外閘、飛沙堰といった構造物からなり、現地で安く調達できる竹、玉石、木材などを素材とする都江堰。この工事がいかに優れたものかを示すように、造営から2000年以上たった今でも現役で使われている。

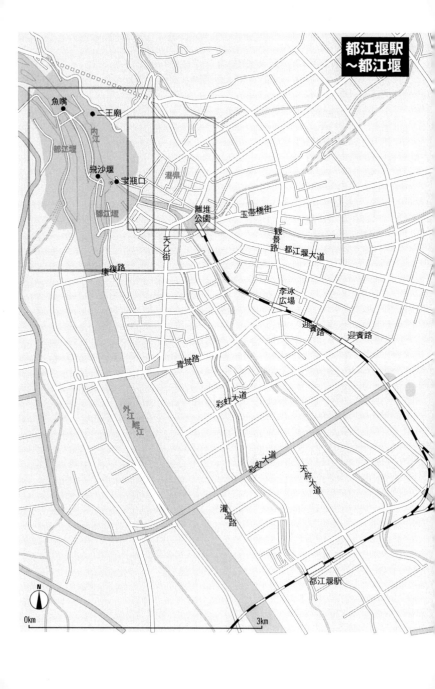

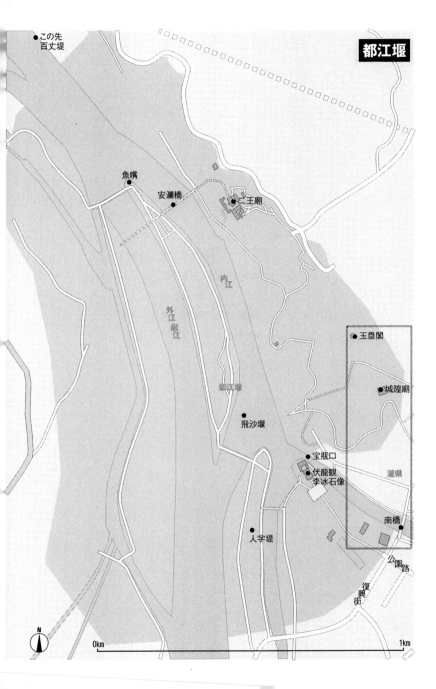

岷江／岷江 ★★☆
mín jiāng
ミンジィアン

　四川省北部にそびえる岷山山脈の麓から流れる全長793kmの岷江。古代中国の『書経』に「長江の源流」と記されて以来、清代までこの岷江が長江の源流だと信じられていた。岷江は松潘をへて、都江堰で丘陵から平野(成都平原)に入り、成都平原を南下していく(岷江は都江堰で外江と内江にわかれるが、成都を過ぎると再び1本の河川に戻る)。楽山で支流の大渡河をあわせ、宜賓で長江に合流、その後、長江は重慶で嘉陵江と合流し、やがて三峡を過ぎると川幅が一気に広くなる。岷江はモンスーンの影響を受けるため、水量が豊富で、一方、乾季には水が少なくなる。岷江の水量は最大と最小で72対1になり、洪水と水不足の両方の憂いがあったが、この問題を都江堰が解決している。岷江の年間平均水量は黄河を超え、四川ではただ単に「江」とのみ呼ばれることもある。

★★★
都江堰／都江堰 ドゥジィアンイェン
宝瓶口／宝瓶口 バァオピンコォウ

★★☆
岷江／岷江 ミンジィアン
魚嘴／鱼嘴 ユウズゥイ
安瀾橋／安澜桥 アンラァンチィアオ
二王廟／二王庙 アアワァンミィアオ
伏龍観／伏龙观 フウロォンゴゥアン
李冰石像／李冰石像 リイビィンシイシィアン
南橋／南桥 ナンチァオ

★☆☆
百丈堤／百丈堤 バァイチャアンディイ
内江／内江 ネェイジィアン
外江／外江 ワァイジィアン
飛沙堰／飞沙堰 フェイシャアイェン
人字堤／人字堤 レンヅゥディ
灌県／灌县 グゥアンシィエン
玉塁閣／玉垒阁 ユウレイガア

都江堰の仕組み

　岷江の水害を防ぎ、同時に安定して成都平原に水を供給できるように設計された水利施設の都江堰。上流から流れてきた岷江は、都江堰先端の「魚嘴」で、成都方面へ流れる内江と、外江(岷江)にわけられる。1kmほど流れた内江の水は、「宝瓶口」で再びふたつにわけられ、成都方面へ流すか、外江(岷江)へ戻すかがふりわけられる。「魚嘴」と「宝瓶口」のあいだにもうけられたのが「飛沙堰」で、このダムは意図的に低くつくられている(低作堰)。「飛沙堰」の高さより多い水が、「魚嘴」から内江に入った場合は、水は「飛沙堰」を越えて外江に戻っていく。一方、「飛沙堰」を越えない量の水は常に成都方面に流れるため、安定供給と洪水対策が可能になる。そして内江の水は「宝瓶口」から分流され、成都平原各地に流れていく。都江堰では、洪水期には外江に60％、内江(成都方面)に40％の水を流し、乾季には外江に40％流し、内江(成都方面)に60％の水を流す。また岷江に含まれる土砂のうち、25％が内江へ流れこむが、そのうち25％が飛沙堰から外江へと戻っていく。水利施設の都江堰の造営にあたって、まず「宝瓶口」からつくり、続いて「魚嘴」、最後に「飛沙堰」がつくられ、大枠が完成した。

百丈堤／百丈堤 ★☆☆
bǎi zhàng dī
バイチャアンディイ

　魚嘴の上流、岷江の東側に整備された堤防の百丈堤。都江堰へいたる直前の流れを百丈堤で受けとめ、水を魚嘴へと流す。押し寄せる岷江の水から、この地の地盤を守る意図があった。

魚嘴／鱼嘴 ★★☆
yú zuǐ
ユウズゥイ

　水利施設都江堰の一番最初の部分にあたる魚嘴。「魚の口（嘴はくちばし）」のようなかたちをしていることから、魚嘴と名づけられた。魚嘴は岷江の流れをわける分水装置の役割を果たし、ここで流れは内江（成都方面）と外江にわけられる。魚嘴では内江の河床のほうが外江の河床よりも「深く」なっているため、内江に水が優先的に流れる（60％）。また外江の河床のほうが、内江の河床よりも「広く」なっているため、洪水が起きて水量が多くなると、余分な水は外江へ流れるようになっている。必要なほうに60％に水をふりわける。これを「四六分水」という。

内江／内江 ★☆☆
nèi jiāng
ネェイジィアン

　魚嘴から成都方面に流れ、成都平原を灌漑していく緑碧色の川面の内江。内江の河床は外江よりも深いため、乾水期は優先的（60％）に岷江の水が内江に流れるようになっている。内江は宝瓶口でさらに分水され、大きく湔江（沱江）、郫江（成都江）の二江が成都方面へくだっていく（いわば灌漑水路にあたる）。内江緒川のうち、成都界隈の錦江が有名で、府南河と府河（錦江）が成都旧城の周囲を流れ、やがて下流で、再び外江（岷江）に戻っていく。内江が再び外江に合流する一方、その一部の湔江（沱江）は成都の北方を流れ、沱江の上流につながる。

外江／外江 ★☆☆
wài jiāng
ワァイジィアン

　外江は魚嘴で内江とわかれ、そのまま岷江の本流となる

外江(左)と内江(右)をわける魚嘴

李冰が龍を鎮めた場所に立つという伏龍観

小吃を売る店、都江堰にて

飛沙堰、多すぎる水は右方の内江から左方の外江へ戻る

岷江に架かる安瀾橋

(内江よりも西側を流れる)。外江の河床は内江より浅いが、川幅が広いため、岷江の流れは一定量までは内江に優先的に流れるが、一定以上の水量になると、今度は水は外江に優先的に流れはじめる。外江は四川盆地を南下していき、成都の南郊外で内江と再び合流する。都江堰を造営した李冰は、石牛五頭をつくり、それで岷江(外江)の水神を鎮めたという。

安瀾橋／安澜桥★★☆
ān lán qiáo
アンランチィアオ

　魚嘴近くの内江に架かり、李冰とその息子をまつる二王廟へ続く長さ313mの安瀾橋。この橋がいつ架けられたかわかっていないが、紀元前250年ごろ、李冰は縄(ロープ)を使ったとも言われ、四川では古くから吊橋が使われていた。中国五大古橋にもあげられる安瀾橋も、最初は縄や竹の吊り橋だったが、現在では鉄のロープ製の橋となっている。宋代には評事橋、また珠浦橋と呼ばれ、明末に破壊されたのち、清代の1803年に修建された。当時、橋をかけるために何先徳が人々から金を集めたが、官吏が着服し、何先徳は殺されてしまった。しかし、何先徳の妻と民衆によって木の板と手すりをつけた橋は完成し、「安渡狂瀾(すさまじい流れでも安心して渡れる)」という意味で、安瀾橋と名づけられた。この話は川劇の演目にもなっている。1974年、もともとあった場所から、100mほど下流に遷され、ワイヤー鉄筋コンクリート製の橋になった。

二王廟／二王庙★★☆
èr wáng miào
アアワンミィアオ

　都江堰を築いた李冰と、その息子の二郎がまつられた二王廟。蜀の太守として成都に着任した秦の李冰は、紀元前256年、毎年氾濫する岷江のために、人家がまばらで、収穫が

李冰石像を安置する伏龍観

橋の向こうに二王廟が立つ

灌県と都江堰を結ぶ豪勢な橋の南橋

都江堰は青城山とともに世界遺産に指定されている

伸びないこの地の調査を行なった。そして岷江には悪龍がいて、毎年、洪水を起こしていると聞き、治水事業にとりかかった(岷江の江神は鼻の長い犀牛だったという)。李冰はまず玉塁山を掘って、川幅20mの「宝瓶口」をつくり、成都へ水をひくことからはじめた。そして、それより上流の「魚嘴」をつくって流れを外江と内江にわけ、続いて「飛沙堰」を造営して都江堰を完成させた。岷江東岸の玉塁山麓に廟がはじめて建てられたのが後漢時代で、当初は古代蜀王の望帝杜宇がまつられていた。南朝斉の建武年間(494～498年)に望帝をまつるこの廟は、李冰父子をまつる崇徳廟となった。その後、興廃を繰り返し、二郎廟と名前を変えたが、清朝乾隆帝時代に李冰父子が王に封建されたことから、二王廟となって現在にいたる。李冰の息子だという二郎は、史書には登場せず、二王とは古蜀国の望帝杜宇と叢帝鼈霊(望叢祠)と重ねて見られているともいう。都江堰を見下ろすように立ち、川岸からあがっていくと、堰功亭、秦堰楼、二王廟と続き、そばには聖母元君殿、財神殿も立つ。

飛沙堰／飞沙堰 ★☆☆
fēi shā yàn
フェイシャアイェン

　「魚嘴」すぐ下流の内江にもうけられた堤防の飛沙堰。長さ270mの堤防は、意図的に低くつくられていて、内江に入った水量が一定量までなら、そのまま「宝瓶口」を通って成都方面へ流れていく。しかし、内江に入った水の量が多すぎる場合は、この飛沙堰を越えて、水は外江へと戻っていく(飛沙堰以上の高さの水量は、内江から外江側へあふれ出し、成都方面への洪水を防ぐ)。成都方面へ流入する水量を自動で調整するのが飛沙堰最大の役割で、複合水利施設である都江堰の核心のひとつと言える。また飛沙堰を越えて外江へ排出される水の流れは渦をつくって、その遠心力で土砂や石もはじき出されるという。

人字堤／人字堤 ★☆☆
rén zì dī
レンヅウディ

飛沙堰の南側にもうけられた堤防の人字堤。飛沙堰同様に、内江に流入した多すぎる水を外江へ戻す役割を果たす。

宝瓶口／宝瓶口 ★★★
bǎo píng kǒu
バァオピンコォウ

都江堰造営にあたって、李冰が一番最初にとりかかった施設の宝瓶口。古蜀神話にも、玉壘山を切り開いて治水を行なったすっぽんの精(鼈霊)が望帝に代わって蜀の帝位についたという話が伝わっている(死んだ鼈霊の死体が長江をさかのぼり、四川で生き返った。望帝は、洪水をおさめた鼈霊に国を任せ、鼈霊は開明帝を名乗った)。宝瓶口は玉壘山を切り開いてつくられた幅のせまい取水口で、ここで内江は分流され、成都平原各地に流れていく。宝瓶口という名前は、内江の流れを、瓶の口のように一旦、せまくしてそこから複数の水路へ分流させることにちなむ。長さ36m、幅20m、高さ18.8mで、この宝瓶口をつくったことで、岷江の水は成都方面へ流れるようになった。

伏龍観／伏龙观 ★★☆
fú lóng guān
フウロォングゥアン

李冰をまつるこの伏龍観は、老王廟、李公祠などと呼ばれてきた。宝瓶口のほとりに立ち、ここは都江堰造営の際、李冰が岷江の龍を退治して封じ込めた場所だという。晋代に建てられた当初は范賢館といい、三国時代の青城山の道士范長生をまつる道観だった。その後、北宋初年に現在の名前となり、現存する老王殿、鉄仏殿、玉皇殿の三殿は清代に建てられた。李冰石像が安置されている。

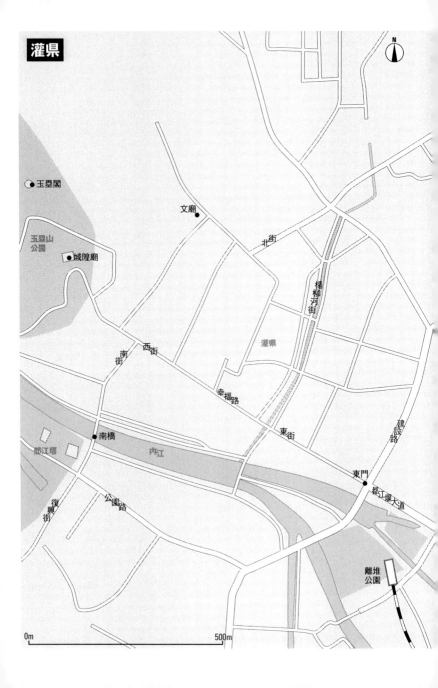

李冰石像／李冰石像★★☆
lǐ bīng shí xiàng
リイビィンシイシィアン

　伏龍観に安置されている李冰石像。李冰は息子に命じて人間のかたちに彫らせた石人を三体つくり、川を沈めて水位をはかった。そして決して石人の足以下の水位にならないよう、また増水しても肩が没することのないように考えられた。その後、後漢の治水役人が、168年に約3mの三神石人を改めてつくり、そのうち一体は李冰の石像のものだった。長いあいだそれらの像は不明になっていたが、1974年、外江の水量を調節する際に河床から李冰石像が偶然、発見され、伏龍観にまつられることになった。

南橋／南桥★★☆
nán qiáo
ナンチャオ

　宝瓶口から成都方面へ流れる走馬河(内江)に架かる南橋。すぐそばに灌県の南門(江門)があったことから、南橋と呼ばれ、ちょうど都江堰に入る門の役割を果たしている。この南橋は、四川省で見られる風雨橋という屋根つきの橋で、「橋にはすべて美しい木造の屋根があって、内側には絵画を描き朱を塗りこめ、上は瓦で葺かれている」というマルコポーロの記述(『東方見聞録』)とも一致する。清代の1878年に四川総督の丁宝槇の命でつくられ、当初は通済橋という名前だった。現在の5孔、3層の屋根をもつ長さ54m、幅12mの橋

★★★
都江堰／都江堰 ドゥジィアンイエン
★★☆
南橋／南桥 ナンチャオ
★☆☆
灌県／灌县 グゥアンシィエン
玉塁閣／玉垒阁 ユウレイガア
内江／内江 ネェイジィアン

は、1979年に重建されたもの。

灌県／灌县 ★☆☆
guàn xiàn
グゥアンシィエン

　岷江が高地部から平地部に流れ出し、岷江のつくる扇状地の頂部に位置する灌県。成都平原に水を供給する都江堰、また近くに道教発祥地の青城山を抱える要地として知られてきた。秦漢時代は湔氐道と呼ばれ、三国時代に都安県がおかれていて、都江堰はそこから都安大堰という名称で呼ばれていた。13世紀以降、灌県となり、明の弘治帝時代(1470〜1505年)に円形の城郭と東西南北の門がつくられた。東門(宣化門)から灌県旧城に入ると、十字路型の街区のそれぞれに東街、西街、南街が走る。南街外には南橋(江門)が架かり、都江堰へと続き、西門外は玉塁山公園にいたる。またこの灌県旧城には楊柳河街、文廟、城隍廟などが残っている。

玉塁閣／玉垒阁 ★☆☆
yù lěi gé
ユウレイガア

　都江堰を眺める玉塁山頂に立つ高さ46.6mの玉塁閣。地上6層、地下1層で、ここから都江堰の全景が見える(標高865m)。李冰はこの玉塁山の一部を切り開いて、成都方面へ水を流す宝瓶口をつくり、その後、都江堰を完成させた。

Doukyo
青城山発の道教教団

後漢末期に青城山を拠点に活動した五斗米道
五斗米道をはじまりとする天師の教団は
その後、2000年に渡って中国社会に影響をあたえた

五斗米道とは

　太平道とともに最初の道教教団だとされる五斗米道は、後漢(25〜220年)末期に張陵によって創始された。張陵は江蘇省北部(沛)出身で、太学に入って儒教を学んだが、晩年になって長生きには儒教が何の役にも立たないことを知った。そこで、金丹(不老不死の薬)をつくる方法を学んだが、四川の地にその材料の豊富な名山が多く、人々が純朴だと聞いて、数名の弟子とともに四川へ向かった。それは青城山近くの鶴鳴山で、張陵は道書をつくる一方、修行に励んだ。142年、張陵は太上老君のお告げを受けて、天師となり、鶴鳴山や近くの青城山に活動拠点をおいた。張陵の宗教は、祈祷による治病が中心で、最初に信者に五斗の米を出させたことから、五斗米道といった(そのため米賊とか、米巫とも呼ばれた。また五斗という名前は、張陵の斗星信仰にちなむともいう)。張陵は張道陵ともいい、子の張衡と孫の張魯に自らの法を伝えたという。

五斗米道の組織

　後漢(25〜220年)末、太学で学び、儒教的知識を身につけた張陵は、晩年、四川へ移住し、鶴鳴山でその法(五斗米道)を体得した。張陵を天師とする五斗米道は、鶴鳴山や青城山、そ

青城山の山門、この奥が道教の聖域

張陵が道教教団の拠点とした幽玄な世界

の周囲を拠点に布教し、信者を獲得していった(まず病人に自らの罪を認めさせ、それを書いたお札を洗心池に投じさせた)。五斗米道では、師君(天師)、大祭酒、指導者の祭酒、鬼卒(一般信者)というように、天師を中心とする確固たる階級制度があり、漢中、四川を中心にその教区は24にわけられ、信者はそれぞれの教区に所属していた。その信者は、儒教的体系から離れた下層民などから構成されたと言われ、五斗米道の運営する義舎では、無料で宿泊や飲食ができたという。

五斗米道の展開

　後漢(25〜220年)末期に、青城山を拠点に活動した五斗米道(と同時代の太平道)は、道教教団のはじまりだと見られる。創始者の張陵の法は、子の張衡と孫の張魯に伝えられ、三国時代、第3代張魯は教団を拡大し、漢中(四川に隣接する陝西南部)を中心に宗教国家をつくりあげていた。劉備玄徳は宗教国家の張魯討伐を口実に入蜀し、魏の曹操孟徳と蜀の劉備玄徳の争いのなかで、張魯は曹操に帰順した。曹操は、張魯を鎮南将軍に任命し、5人の子どもたちも列侯とするなどして優遇した。このとき、張魯の3男の張盛は、父の命令で張陵以来伝わっていた五斗米道の印鑑と剣をもって、江西省龍虎山に遷り、そこで教団を再興した。張盛の子孫は、代々、天師と称したから、この教団は天師道と呼ばれるようになり、龍虎山の道教は2000年に渡って持続した(太平道は黄巾の乱で壊滅したが、五斗米道は残った)。そのため三張(張魯以前)のほうを「五斗米道」、張盛以後を「天師道(正一教)」と呼んで区別する。天師道歴代の祖師は、青城山のことを祖庭とよび、代替わりするごとに祖庭への報告を行なった。第63代張天師は、中華人民共和国の成立もあって、孔子の子孫らとともに台湾に渡っている。

Qing Cheng Shan
青城山鑑賞案内

「青城天下幽」四大道教名山のひとつで
神仙の棲む第5洞天にもあげられる青城山
ひとつの空間に全宇宙が存在するという洞天

青城山／青城山★★★
qīng chéng shān
チィンチェンシャン

　連続する青い峰(山)が城郭のように見えるところから、その名がつけられた青城山。四季を通じて緑豊かで、高山の針葉樹から低地の闊葉樹まで700種類という豊富な樹木が茂る。また36座の翠峰、8つの大洞、72の小洞、108景をそなえ、青城山は「幽山」「神仙世界」そのものと見られてきた。伝説の聖天子でのちの黄帝が、五岳丈人寧封子に、ここで道を尋ねたことから、丈人山とも呼ばれ、赤城山の別名もある。紀元前143年、五斗米道(天師道)の天師張陵は、青城山の赤城崖舎で降魔伏鬼をし、青城山に教団の拠点があったため、ここは道教発祥地のひとつとされる(古くから神仙が降臨すると伝えられ、天師道の活動拠点だった)。晋(265～420年)代以降、道観や寺廟がいくつも建設され、最盛期、その数は100を超え、道教の「第5洞天」にもあげられた。多くの宗教家、文人、芸術家が青城山を訪れ、古くは范長生、杜甫や陸游、近代では馮玉祥、「幽にして翠」と表現した作家老舎、この山に居住した画家徐悲鴻などに愛された。青城山では易学、武術などの伝統も受け継がれていて、また青城泡菜と呼ばれる漬物、お酒の洞天乳酒も生産されている。

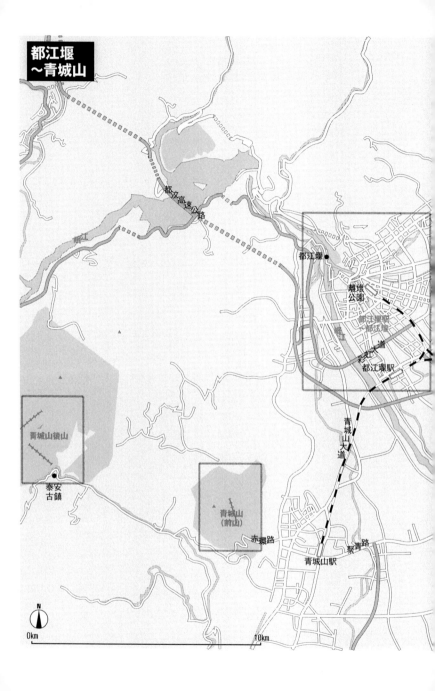

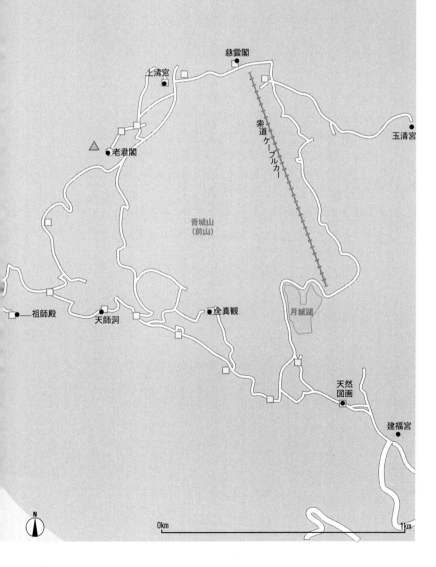

青城山の構成

　　青城山は都江堰の南西15kmにそびえる。ここはチベット高原の東端にあたり、岷山雪嶺を背後に抱え、成都平原を前方にのぞむ。青城山は、道教発祥地でより市街地に近い「前山」と、より自然豊かで幽玄な「後山」からなり、各地に景勝地が点在する(一般的に青城山とは、前山のことをさす)。都江堰方面からの入口にあたる「青城天下幽」の石碑のある丁字路を西に折れると、景区に入っていき、途中に立つのが「赤城閣の山門」で、続いて「西蜀第一山」の山門が現れる。前山の入口には「建福宮」が位置し、そこから青城山へ入り、「月城湖」を渡れば、上部に続く索道が伸びている。その先には「上清宮」が立ち、さらに登っていった頂上(標高1260m)には「老君閣」がそびえている。この青城山前山のうち、「天師洞」は五斗米道の張陵が庵を結んでいた場所だとされ、道教発祥の聖地となっている。一方、「泰安古鎮」が前山の背後にそびえる後山への起点になる。

★★★
青城山／青城山 チンチェンシャン
都江堰／都江堰 ドゥジィアンイェン

★★☆
建福宮／建福宮 ジィエンフウゴォン
上清宮／上清宮 シャンチィンゴォン
天師洞／天师洞 ティエンシイドォン
老君閣／老君阁 ラァオジュンガア
岷江／岷江 ミィンジィアン

★☆☆
天然図画／天然图画 ティエンラァントゥフゥア
月城湖／月城湖 ユエチャンフウ
全真観／全真观 チュウエンチェングゥアン
祖師殿／祖师殿 ズウシイディエン
朝陽洞／朝阳洞 チャオヤァンドォン
円明宮／圆明宮 ユウミィンゴォン
玉清宮／玉清宮 ユウチィンゴォン
泰安古鎮／泰安古镇 タァイアァングウチェン
青城山後山／青城山后山 チンチェンシャンホォウシャン

青城山の山麓に立つ建福宮

青城山へ向かう途中に立つ赤城閣

青城山で道を問うと記されている

月城湖を船で渡っていく

道教の道観とそこで生活する道士の姿がある

建福宮／建福宮★★☆
jiàn fú gōng
ジィエンフウゴォン

　青城山の山麓(丈人峰の下)、ちょうど聖域への入口の山門外側に立つ建福宮。青城山の主神である寧封真人(五岳丈人)が修行した場所で、もとの名を丈人洞という。晋(265〜420年)代に創建され、唐代の730年に現在の姿となった。宋代、朝廷から「帝以会昌、神以建福」という言葉を送られ、会慶建福宮と呼ばれた(また清代の1888年に重建されている)。建福宮には3つの殿があり、第一殿の前殿には王霊官(霊祖)および財神、道教の慈航真人、第二殿の主殿(丈人殿)には青城山の主神である寧封真人と杜光庭、第三殿の後殿には太上老君をはじめとする三尊がまつられている(後殿は全真教のもの)。宋代の詩人陸游も建福宮について記し、ここから青城山登山をはじめることになる。

天然図画／天然图画★☆☆
tiān rán tú huà
ティエンラァントゥフゥア

　建福宮から天師洞へいたる途中、龍居山牌坊崗の尾根上に展開する天然図画。海抜893m、山道からは龍居、天倉、乾元、丈人といった峰が見え、その情景が絵画を思わせることから天然図画という。この天然図画の中心に道観の天鶴観が立つ(天然図画の尾根は、清朝嘉慶帝年間から牌坊崗とも呼ばれていた)。

月城湖／月城湖★☆☆
yuè chéng hú
ユエチャンフウ

　四面を山に囲まれ、そこからの清らかな水が流れこむ月城湖。丈人峰と青龍崗のあいだにあり、丈人峰の鬼城山(月城山)麓にあることから名づけられた(月城湖に隣接する月城山は、

岷山真人が隠遁地としたところ)。湖面には山の影が映る。

全真観／全真观 ★☆☆
quán zhēn guān
チュウエンチェングゥアン

　青龍峰龍居崗の中腹に位置する道教の一派全真教の全真観。もともとこの地には龍居庵が立っていて、その後、道家のお茶工房になることもあった。1996年に慈航殿、七真殿、五祖楼が整備され、全真教の全真観として再建された。青龍峰は、ちょうど丈人峰と対峙するようにそびえる。

天師洞／天师洞 ★★☆
tiān shī dòng
ティエンシイドン

　海抜1000mの地点に位置する天師洞は、後漢代(2世紀ごろ)に道教の張陵が修行したという場所。張陵はこのあたりで悪魔と戦い、また小屋を建てて、教え(道教)を説いたという。隋代に張陵をまつる道観が建てられ、当初は延慶観といったが、唐代に常道観となった。明末から清代にいたると全真教龍門派が、ここ天師洞に拠点をおくようになり、清の康熙帝(1661～1722年)時代に重建された。「山門」「三清殿」「三皇殿」「黄帝殿」と続き、もっとも奥まったところに張陵をまつる「天師殿」が立つ。また張陵が降魔のときに切ったという「降魔石」、張陵の手植えだというイチョウの木も見える。三方を山に囲まれ、ここ天師洞には全宇宙が存在し、地下の霊界に通じるという。

祖師殿／祖师殿 ★☆☆
zǔ shī diàn
ズウシイディエン

　祖師殿は晋(265～420年)代に創建された道観で、古くは洞天観、清都観といった。明末に破壊されたのち、清朝の乾

緑豊かで金丹(不老不死の薬)の素材が豊富だという

隆帝(1735〜95年)時代に再建され、現在の四合院建築は清朝1865年に整備されている。殿内には真武大帝と三豊祖師がまつられ、そのときから真武宮、祖師殿と呼ばれるようになった。近代中国の軍閥馮玉祥がここに来て、滞在したことでも知られる。

朝陽洞／朝阳洞 ★☆☆
zhāo yáng dòng
チャオヤァンドォン

老霄頂の麓に残り、青城山の道士が修行を行なった大小の朝陽洞。10数人を収容する小洞に対して、大洞は100人以上を収容することができる。青城山の神さま寧封真人がここで修行したという。

上清宮／上清宮 ★★☆
shàng qīng gōng
シャンチィンゴォン

月城湖の湖畔から索道(ケーブルカー)をのぼった先、青城山の尾根上に立つ上清宮。晋代以来、青城山に3か所あった上清宮のひとつで、青城山の道観で最高の格式をもつ(「上清」とは太上老君のことで、老子の道が神格化されたもの。「玉清」こと元始天尊、「太清」こと太上老君、老子をあわせて三清という)。「天下第五名山」「青城第一峰」などの磨崖彫刻が見え、上清宮山門にあたる慈雲閣からなかに入っていく。道教の祖とされる李老君像(老子像)を安置する「老君殿」が本殿で、そのほかに「三清大殿」「天師池」「聖灯亭」などが残る(また近くには朝日を見る「観日亭」が立つ)。破壊と再建を繰り返して現在にいたる。

円明宮／圓明宮 ★☆☆
yuán míng gōng
ユゥエンミィンゴォン

青城山前山の東部に位置し、明の万暦年間(1573〜1619年)

ケーブルカーで登った先に立つ慈雲閣

上清宮はこの山で最高の聖地

山道を2本の足で進んでいく

青城山の頂上に立つ高さ33mの老君閣

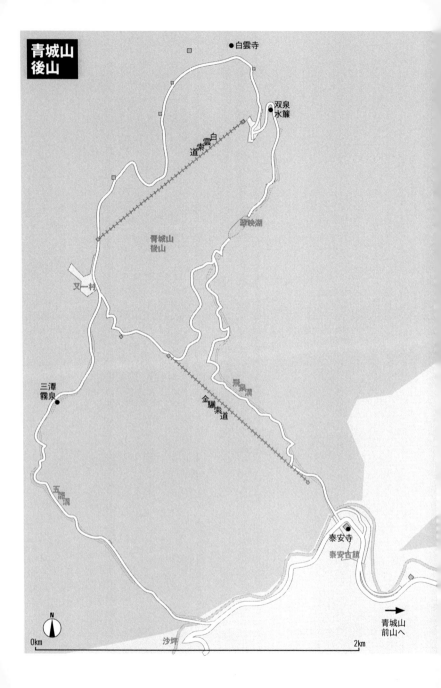

に建立された道教寺院の円明宮。円明宮という名称は、ここにまつられた円明道母天尊(斗母元君)からとられた。霊祖殿、呂祖洞なども併設する。

玉清宮／玉清宫 ★☆☆
yù qīng gōng
ユウチィンゴォン

丈人峰北麓に位置する玉清宮(玉清とは道教最高神の元始天尊をさす)。古くは天真観といって、天皇真人をまつっていた。その後、破壊され、長らく放置されていたが、1938年に再建された。現在は呂祖と長春真人の像が安置されている。

老君閣／老君阁 ★★☆
lǎo jūn gé
ラァオジュンガア

海抜1260m、青城山前山の最高峰である老霄頂に立つ老君閣。天に向かって伸びる楼閣式の塔で、9層、高さは33mになる。内部には蓮座に坐る高さ13.6mの太上老君像(道教の祖とされる老子)が安置されている。青城山の建築群では比較的新しく、1980年代末に建てられ、2008年の地震の後、再建された。八角形のプランは八卦を示す。

泰安古鎮／泰安古镇 ★☆☆
tài ān gǔ zhèn
タァイアァングウチェン

青城山前山の西、周囲を山に囲まれた山間にたたずむ泰安古鎮。空気は清浄、味江の流れる泰安古鎮は、後山への起

★★★
青城山／青城山 チィンチェンシャン
★☆☆
泰安古鎮／泰安古镇 タァイアァングウチェン
青城山後山／青城山后山 チィンチェンシャンホォウシャン

点となる街で、街名は唐宋時代からある古刹泰安寺からとられている。このあたりは古い街道が走り、茂県や金川と成都平原の物資を交換する商人の姿があった(チベット、羌族の食文化が見られた)。牌楼が立ち、通りの両脇には木の柱、白の漆喰壁、黒の屋根瓦の民居がならぶ。

青城山後山／青城山后山★☆☆
qīng chéng shān hòu shān
チィンチェンシャンホォウシャン

青城山前山の西側に広がる青城山後山。成都平原から離れ、チベット高原により近い立地から、幽玄な自然に包まれ、ひっそりしている。前山が道教聖地であるのに対して、後山には仏教寺院が多く、最奥部(頂部)に白雲寺が立つ。この白雲寺にいたるまでに東まわりの飛泉溝と、西まわりの五龍溝があり、途中には「翠映湖」はじめ、「三潭霧泉」「双泉水簾」といった景勝地が点在する。山麓の泰安古鎮から索道(ケーブルカー)が伸び、金驪索道と白雲索道の交差する地点に又一村が位置する。また泰安古鎮南の沙坪は、茶の栽培で知られた場所だった。

王小波李順の反乱

青城山後山沙坪に立つ、北宋時代の農民反乱にまつわる王小波李順起義陳列館。北宋に先立つ唐代から五代十国(前蜀、後蜀)の四川は、戦乱もなく恵まれた豊かな社会だった。965年、後蜀を滅ぼした北宋は、蜀(四川)にあった金銀財宝をすべて都開封に運び去った。そして、北宋が四川の茶の専売化を進めると、993年、青城出身の茶商人である王小波(～994年)は、妻の弟である李順とともに眉山で蜂起した。この一揆は、「貧富を等しくせよ(均貧富)」というスローガンを掲げたことから、均産一揆と呼ぶ。王小波の死後、李順が指揮をとり、成都を占領して、大蜀王と称するほどの勢いを見せた

が、995年に反乱は鎮圧された。王小波李順起義陳列館は、1984年に建てられた。

Huang Long Xi
黄龍渓城市案内

成都市街からくだってきた府河と鹿渓河
その合流地点に開けた黄龍渓古鎮
黄龍渓を過ぎた流れは岷江にそそぐ

黄龍渓古鎮／黄龙溪古镇 ★★☆
huáng lóng xī gǔ zhèn
フゥアンロンシイグウチェン

　成都から南に35km、府河(錦江)をくだったところに位置する黄龍渓古鎮。後漢代(219年)に記録の見える古い街で、南西シルクロードの中継点となり、明清時代も街道沿いにある宿場町として知られていた(諸葛孔明がここに駐屯地をつくったという)。府河、鹿渓河、龍潭湖などの水辺に臨む水郷の街で、明清時代の四川の古い街並みの特徴を残している。石畳の通りとともに、木造の楼閣、建物にほどこされた精巧な彫刻、古樹、茶館などが見え、鎮江寺、潮音寺、古龍寺という３つの仏教古刹が残る(また古龍寺内には清代の1763年創建の三県衙門が位置する)。黄龍渓古鎮あたりでは、小麦が生産され、宋代から続く麺料理の「一本面(長寿面)」がお祝いのときに出されている。黄龍渓という名前の通り、龍潭広場(西寨門)が「龍の頭部」、鎮龍街を流れる小川が「龍の身体」、小流が黄龍攤尾を経由して府河へ注ぐところが「龍のしっぽ」を表し、この街には龍が棲むという。

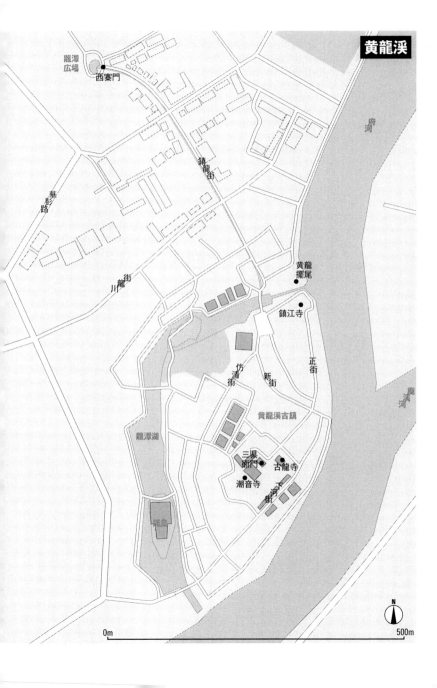

青城山と都江堰／「天府の国」の原像訪ねて

★★☆
黄龍渓古鎮／黄龙溪古镇 フゥアンロォンシイグウチェン
岷江／岷江 ミィンジィアン

An Ren Gu Zhen
安仁古鎮城市案内

20世紀初頭の四川西部の街並みを伝える安仁古鎮
安仁古鎮には軍閥による搾取の
様子を示す大邑劉氏荘園博物館が位置する

安仁古鎮／安仁镇★★☆
ān rèn gǔ zhèn
アァンレングウチェン

　成都の南西41km、成都平原にたたずむ安仁古鎮は、中華民国時代に軍閥劉氏の本拠だった街。四川軍閥大邑系の劉一族からは、四川省主席、西康省主席となった劉文輝(1895～1976年)、四川省主席の劉湘(1888～1938年)などが出た。当時、安仁古鎮の7区画のうち、4～5区画が劉文彩(1887～1949年)の所有物であったという。安仁古鎮の紅星街、裕民街、樹人街、徳仁巷あたりには20世紀初頭の街並みが残り、とくに大邑劉氏荘園博物館が名高い。また民俗や美術、歴史をテーマとする30の博物館が集まる建川博物館も残り、「中国博物館小鎮」と呼ばれている。

安仁の劉一族

　安仁生まれの劉文彩(1887～1949年)は、家業の酒造工房の原料運輸に励んでいたが、1921年、弟の劉文輝(1895～1976年)が四川軍の旅長として宜賓に着任すると、当地の税収の責任者となり、富を蓄えた。1932～33年の二劉決戦で、劉文輝が同じ劉一族の劉湘(1888～1938年)に敗れると、1935年、劉文彩は安仁に帰ってきて、大邑劉氏荘園博物館で

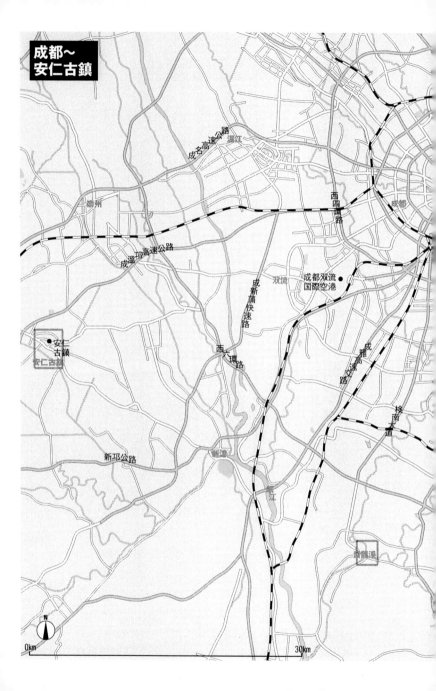

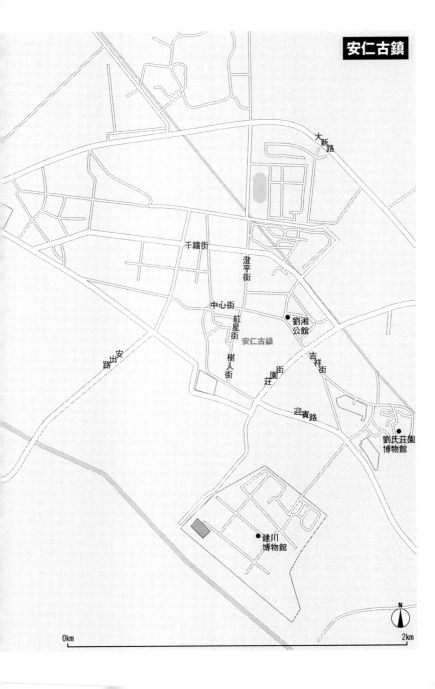

ぜいたくな暮らしを続けた(1934年に四川省は劉湘が統一している)。劉文彩は秘密結社哥老会を組織し、安仁で教育や人材育成にあたる一方、アヘン取引や農民からの収奪をする悪徳地主でもあった。こうした性格から農民たちに「川南王」「劉五皇帝」と呼ばれ、地主で軍閥の劉一族の公館は川西、川南一帯に28か所におよんだという。

大邑劉氏荘園博物館／大邑刘氏庄园博物馆★★☆
dà yì liú shì zhuāng yuán bó wù guǎn
ダアイリィウシイチュウアンユゥエンボオウグゥアン

　1928年ごろ劉文彩によって建てられた「老公館」、弟の劉文輝による1941年創建の「新公館(劉文輝旧居陳列館)」、清朝道光年間からの伝統をもつ「劉氏祖居」、玉器や陶磁器を収蔵する「珍品館」からなり、一大荘園群をつくる大邑劉氏荘園博物館。西洋と四川西部の様式の融合した建築で、高い門扉、幾重にも重なった塀、複雑な狭い道が見られる。この劉氏は近代以前の封建社会の典型的地主とされ、金融業や農民から小作料をとることで、莫大な富を蓄え、5〜60人の使用人がここで働いていたという(一重の着物800着、綿服800着、あわせの着物700着、裏地のついた中国服110着、劉文彩の名を焼きこんだ江西の陶磁器は1万個以上もあった)。この博物館のなかで、小作料の納付、収納、乾燥、計量、帳付け、催促、憤怒といった塑像が飾られた「収租院」がとくに有名で、秘密結社のメンバーと会合した「接待室」、労働者の暮らす「雇工院」、アヘンの「吸烟室」「秘密金庫」「糧倉」「仏堂」

★★☆
安仁古鎮／安仁古镇　ァンレングウチェン
大邑劉氏荘園博物館／大邑刘氏庄园博物馆　ダアイリィウシイチュウアンユゥエンボオウグゥアン
岷江／岷江　ミンジィアン
黄龍渓古鎮／黄龙溪古镇　フゥアンロォンシイグウチェン

★☆☆
温江／温江　ウェンジィアン

20世紀初頭の石づくりの建築様式　　　　成都と四川各地の街はバスで結ばれている

「望月台」「逍遥宮」なども残っている。この建物では、小作料を払えない小作人を水牢に閉じこめたとも、酒肉の匂いがしたともいう。1958年に博物館として一般開放された。

Pi Dou
郫都城市案内

**成都市街の北西郊外に位置し
成都以前の古蜀国の都がおかれていた郫都
伝説の望帝杜宇と叢帝鼈霊をまつる望叢祠が残る**

郫都／郫都 ★☆☆
pí dōu
ピイドォウ

　岷江上流域や三星堆にあった古蜀国の王朝に代わった望帝杜宇は、成都近くのこの地(郫都)で新たな王朝を開いた(西周の紀元前11世紀〜前771年ごろ、古蜀国の都がおかれていた)。郫都はちょうど都江堰と成都の中間に位置し、岷江は郫都の西で錦江となって成都へ流れていく。この街は、紀元前314年に秦にくみこまれて以降、長いあいだ郫県と呼ばれ、「鵑城遺址」「古城遺址」「唐昌文廟」などが残っている。また中国全土で知られる調味料の「郫県豆板醤」、農業体験「農家楽」の徐家大院も知られる。

望叢祠／望丛祠 ★☆☆
wàng cóng cí
ワンツォンツウ

　古蜀国の統治者である望帝杜宇と叢帝鼈霊の二帝をまつり、四川人にとっての聖地にあたる望叢祠。西周(紀元前11世紀〜前771年)のとき、古蜀国は岷江上流域から成都平原に遷ってきて、郫都を中心に国づくりを進めた。望帝杜宇は人々に農業を教え、続く叢帝鼈霊は治水を成功させたことで望帝杜宇から禅譲を受けた(鼈霊はもと楚の人で、死後、その屍が

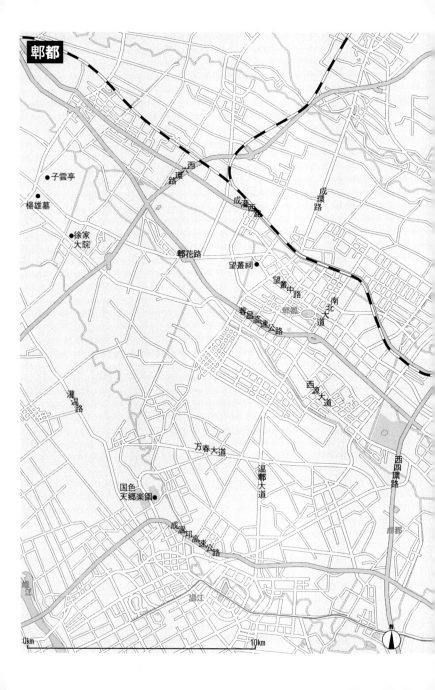

長江をさかのぼり、蜀に入って生き返ったという。叢帝鼈霊は開明氏と呼ばれる)。5世紀の南斉時代に望帝杜宇と叢帝鼈霊のふたりが合祀され、それが望叢祠のはじまりとされる。その後、北宋の仁宗(1023〜63年)時代に大規模に拡張され、現在の規模になり、明末清初に破壊をこうむったが、清代の1747年、1835年に重建された。皇帝を意味する黄色い屋根瓦、紅い周壁に囲まれ、「大殿」「聴鵑楼」「望岷帝」「叢亭」などが見られる。望帝杜宇と叢帝鼈霊の祠と陵墓が残るここ望叢祠は、「蜀中第一(四川で一番の場所)」とたたえられている。

ホトトギスの漢字の由来になった

　カッコウ科の渡り鳥ホトトギスには「時鳥」「子規」「杜鵑」「不如帰」「郭公」などいくつもの漢字名がある。このうち杜鵑、不如帰は古蜀国の望帝杜宇に由来する。郫都(成都)を中心に蜀の国を統治していた望帝杜宇は、治水を成功させた叢帝鼈霊(開明)に政治をゆずり、自らは西山に上って死去した(その品行から「不如帰(都に帰るに如かず)」)。それはちょうど2月でホトトギスの鳴く季節だったため、蜀の人たちはホトトギスの鳴き声と望帝杜宇(杜鵑)を重ねて見るようになったのだという。唐代、この地を訪れた杜甫は『杜鵑行』を詠んでいる。

★★☆
岷江／岷江 ミィンジィアン

★☆☆
郫都／郫都 ピイドォウ
望叢祠／望丛祠 ワンツォンツウ
徐家大院／徐家大院 シュウジィアダアユュエン
楊雄墓／杨雄墓 ヤンシィオンムウ
子雲亭／子云亭 ズウュゥンティン
温江／温江 ウェンジィアン

徐家大院／徐家大院 ★☆☆
xú jiā dà yuàn
シュウジィアダアユゥエン

　農業観光を行なう「農家楽」の発祥地として知られる徐家大院(中国第一農家楽)。1978年、主の徐紀元が自宅に花や草を植えていき、客が来てはそこで話に花を咲かせた。1986年、中庭をもつ三合院を建て、花壇を整備すると、評判となり、農家の暮らしや食事に触れられる観光地として注目された。多くの参観者が徐家大院を訪れ、やがてこの「農家楽」のモデルは中国全土に広がっていった。

楊雄墓／杨雄墓 ★☆☆
yáng xióng mù
ヤァンシィオンムウ

　博学で知られた漢代の宮廷詩人、楊雄(紀元前53〜18年)の墓。楊雄は成都郫県の出身で、各地から宮廷へやって来た使者の方言をまとめた『揚子方言』を編集した(この中国最古の方言集のほか、『甘泉賦』『羽猟賦』『長楊賦』などでも知られる)。楊雄墓は円形の盛り土状になっていて、あたりには竹やぶが見える。

子雲亭／子云亭 ★☆☆
zǐ yún tíng
ズウユゥンティン

　楊雄(紀元前53〜18年)が読書したという子雲亭(子雲とは楊雄の字のこと)。多くの詩に謳われてきた古亭台が再建されたもので、楊雄墓のそばに残る。高さ10mの六角亭は、清朝初期の建設で、1917年に重建された。「西蜀子雲亭」の扁額、高さ4mの楊雄の石像が見える。

少数民族のイ族らが古蜀国の担い手と見られている

温江／温江 ★☆☆
wēn jiāng
ウェンジィアン

　成都市街と都江堰のあいだに位置する温江。このあたりは古蜀文明の発祥地であり、温江という名称は西魏の555年に温江県がおかれたことにはじまる。伝統的な四川の民居が見られる「芙蓉古城」、テーマパークの「国色天郷楽園(国色天郷陸地楽園・国色天郷童話世界)」などが知られる。

三星堆で使われていたという文字

鴨子こと大量のアヒルが干されていた

都市化の進む成都郊外の街並み

Xi Jiao Qu
西郊外城市案内

**成都西郊外には昔ながらの暮らしぶりや
四川省の古い街並みを伝える古鎮が
いくつも点在する**

大邑／大邑 ★☆☆
dà yì
ダアイイ

　成都の西55kmに位置する大邑(行政区は、成都に隣接するところから西嶺雪山まで西に向かって伸びる)。秦漢時代、臨邛県や江原県の管轄だったところで、唐代の620年に安仁県がおかれ、続く671年に「其邑広大(その村は広大)」という意味で、大邑と名づけられた。景勝地の「西嶺雪山」、張陵が最初に拠点をおいた道教発祥地の「鶴鳴山」、軍閥の故郷「安仁古鎮」、三国志の英雄趙雲をまつる「子龍廟」などを抱える。

子龍廟／子龙庙 ★☆☆
zǐ lóng miào
ツウロォンミャオ

　三国志の蜀の将軍のひとりとして劉備玄徳と諸葛孔明の信任を得た趙雲子龍(～229年)をまつる子龍廟。趙雲は逃げ遅れた劉備の甘夫人と劉禅を、単騎で敵軍100万のなかから救い出した長坂坡の戦いの活躍で知られる(関羽、張飛に続く武将だった)。蜀の本拠である成都の西郊外には羌族部落があり、趙雲はここ静恵山あたりで防御を担当していたという。趙子龍単騎救出像が立つほか、近くには趙雲の墓も見られる(史実では、病気でなくなったあと、錦屏山の東に葬られた)。趙雲の

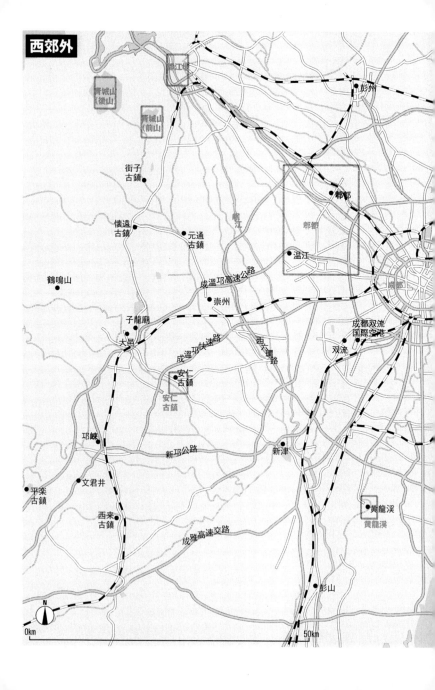

字から名づけられた子龍廟は、将軍廟ともいう。

街子古鎮／街子古镇 ★☆☆
jiē zi gǔ zhèn
ジエツウグウチェン

　崇州鳳棲山の麓、味江のほとりに残る街子古鎮。唐代からこの地方の茶葉の集散地だったところで、明代の1615年に川沿いにひとつの街があったことが確認されている(その後、1940年に街子場がつくられた)。現在見られる東西南北の通りのうち、石畳みの南北の街道の両脇には清代の四川建築がならぶ。唐代の詩人で、僖宗(862～888年)が蒙塵してきたときの青城県の県令でもあった唐求の故郷と知られ、唐求広場があり、唐求の像が立つ。「川西水郷」「青城後花園」などとたたえられ、成都の西68kmに位置する(2008年の汶川大地震で被害を受けたが、再建された)。

★★★
都江堰／都江堰 ドゥジィアンイェン
青城山／青城山 チィンチェンシャン

★★☆
岷江／岷江 ミィンジィアン
黄龍渓古鎮／黄龙溪古镇 フゥアンロォンシイグウチェン
安仁古鎮／安仁古镇 ァァンレングウチェン

★☆☆
温江／温江 ウェンジィアン
大邑／大邑 ダアイイ
子龍廟／子龙庙 ツウロォンミャオ
街子古鎮／街子古镇 ジエツウグウチェン
元通古鎮／元通古镇 ユゥエントォングウチェン
懐遠古鎮／怀远古镇 フゥアイユゥエングウチェン
文君井／文君井 ウェンジュンジィン
平楽古鎮／平乐古镇 ピンラアグウチェン
西来古鎮／西来古镇 シイラァイグウチェン
郫都／郫都 ピイドォウ
青城山後山／青城山后山 チィンチェンシャンホォウシャン

お腹を満たす麺料理、麻と辣の味つけ

屋根に苔が生えている、四川省の民居

さまざまな書体で書かれた文字

武将の絵が飾られていた

元通古鎮／元通古镇 ★☆☆
yuán tōng gǔ zhèn
ユゥエントォングゥチェン

　成都から崇州、都江堰へと続く街道上にあり、3つの川が合流し、3面を水に1面を山に囲まれた水郷の元通古鎮。交通の要衝であるこの地には東晋時代から水郷があったと言われ、唐代に多くの人が暮らすようになり、明代には数千の家がならんでいたという。元通古鎮は1600年の歴史をもち、明代以来の伝統をもつ清明会が今でも開かれ、清代に建てられた南方の会館も見られる(清代は「小成都」と呼ばれた)。この街の有力軍閥である黄氏宗祠が残る麒麟街、広東会館のある双鳳街、古い街並みが見られる長寿街はじめ、連なる黒の屋根瓦、牌楼、高い軒(飛檐)や彫刻、銀杏などの古樹などが水辺の街を彩る。「羅家大院」「陳家大院」、長さ49mの「永利橋」、高さ9mの「天主教堂」など、清末から民国初期にかけての建築が続く。

懐遠古鎮／怀远古镇 ★☆☆
huái yuǎn gǔ zhèn
フゥアイユゥエングゥチェン

　清代と民国時代に建てられた川西民居が1平方キロメートルのなかに集まる懐遠古鎮。小北街、南街、下新街、正西街には、保存状態のよい民居が残り、通りの両脇には柱がならび、雨をふせぐためのひさしが見られる。これらの通りの建物は、前殿後院という様式で、通りに面して茶、竹編み、油、薬などをあつかう店舗があり、奥が住居スペースとなっている。2008年の汶川大地震で被害を受けたのち、街は再整備された。

文君井／文君井 ★☆☆
wén jūn jǐng
ウェンジュンジン

　司馬相如(紀元前179〜前118年)との恋物語で知られる卓文君が水をくんだという文君井。成都出身の文人司馬相如は賦の第一人者で、宮廷にいたが、梁孝王の死後、困窮して故郷に戻ってきた。富豪(趙の人だったが、秦の捕虜になっていた)の娘の卓文君に目をつけた司馬相如は、琴をひきながらこの美女を口説き、やがてふたりは駆け落ちし、居酒屋(臨邛酒肆)を開いて生活した。邛崍県の里仁街に残る文君井には、卓文君が不慣れな家事で使った井戸、司馬相如が琴を弾いたという琴台はじめ、池と築山で構成される中国式庭園が見られる。ふたりの物語は『琴心記(琴を弾いて心を通わせた)』に記されている。

平楽古鎮／平乐古镇 ★☆☆
píng lè gǔ zhèn
ピンラアグウチェン

　チベット高原に続く西の天台山から、北に向かって流れる白沫江のほとりに位置する平楽古鎮。四方を山に囲まれた小さな盆地には秦漢以来より集落があり、当初は「平落」という名前だったが、隋代に平楽壩がおかれた(「落」と「楽」は四川方言で似た音であることから、「平安快楽」を意味する「平楽」へと改名された)。ここは茶馬古道の名前で知られる南方シルクロードの街道沿いにあたることから、「天府南来第一州(南から来たときの天府の最初の州)」とも呼ばれてきた。古街、古寺、古橋、古道、古堰、古坊、古樹、古歌、古風という「九古」が明清時代の面影を残し、碧水が美しい景観をつくる(白沫江の両岸には、吊脚の建築も見える)。物資は豊富で、あたりに茂る竹でつくった竹網、紙の産地でもあり、豊かな川西民俗を今に伝える。成都から南西に93km、邛崍の南西18kmに位置し、近くには玻璃桟道も残る。

西来古鎮／西来古镇 ★☆☆

xī lái gǔ zhèn

シイラァイグウチェン

　西来古鎮のはじまりは、西魏の555年、この街の東北1kmに設置された臨渓県にさかのぼる(残城子と呼ばれている)。西来古鎮の西には張魁場があったが、清代の1662年に洪水にあい、現在の場所に遷ってきた。その後の1694年、李紳文が唐の玄奘三蔵が西域から経典をもって帰ってきた故事を借りて、「西来場」と名づけられた。ふたつの木が上部でつながっている「霊水古榕」、赤いランタンがかけられた古い街並みの「古韻老街」、100本のろうそくを灯す「百顆灯」、郊外にあり西魏時代の555年に県治がおかれた「西魏臨渓残城址」などが位置する。

南西郊外城市案内

Nan Xi Jiao Qu

チベット高原へ続いていく
四川盆地の西の緑
大自然を感じる西嶺雪山や天台山が位置する

西嶺雪山／西岭雪山 ★★☆
xī lǐng xuě shān
シイリィンシュエシャン

　成都西郊外110kmにそびえる西嶺雪山は「成都第一峰」とたたえられ、その最高峰は5364mになる。西嶺雪山という名称は1年中雪が積もり、「窓含西嶺千秋雪、門泊東呉万里船（窓には西嶺の雪、呉へ向かう万里の船が泊まっている）」と詠んだ杜甫の詩にちなむ。西嶺雪山は標高1260mから5364mという4000mの高度差があるため、貴重な生きものが生息し、春はホトトギスを鑑賞、夏は避暑、秋は紅葉、冬はスキーと、四季折々の楽しみかたができる。この山にはジャイアントパンダが生息するほか、海抜2200〜2400mにある「スキー場」、雲が眼下に広がる「雲海」、山間に突如七色の光が現れる「仏光（光学現象）」、チベット高原と四川盆地の気候の分水嶺となる「陰陽界」などで知られる。

天台山／天台山 ★☆☆
tiān tái shān
ティエンタイシャン

　赤や黄、白の「山茶花（椿）」を咲かせ、10種類の「蛍」が生息する景勝地の天台山。山麓から第一台地、第二台地、第三台地とあがっていくことから天台山と名づけられた。山門

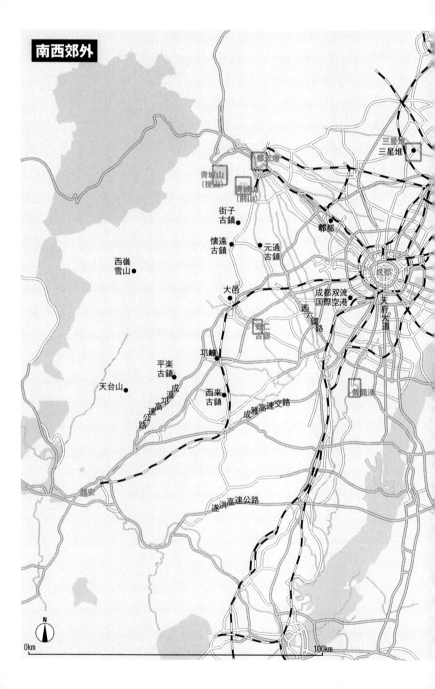

にあたる「肖家湾」から、天罡神蜂が西王母のために蜜をつくった場所だという「神蜂窟」、高さ60mの「響水灘瀑布」と上っていく。山腹には等楽安や小磨坊などの中継点があり、周囲には、靴を逆さにしたような高さ200mの奇岩「倒靴石」、海抜1560mの「銀頂峰」なども見える。また九寨溝に似た「小九寨」、唐代以降仏教寺院となった「雷音寺」、小さな滝が連続する「秀水三韻」といった景勝地を過ぎると、標高1812mの「玉霄峰」へといたる。

★★★
都江堰／都江堰 ドゥジィアンイェン
青城山／青城山 チンチェンシャン
三星堆博物館／三星堆博物馆 サァンシィンドゥイボオウウグゥアン

★★☆
西嶺雪山／西岭雪山 シイリィンシュエシャン
岷江／岷江 ミィンジィアン
黄龍渓古鎮／黄龙溪古镇 フゥアンロンシイグゥチェン
安仁古鎮／安仁古镇 アァンレングゥチェン

★☆☆
天台山／天台山 ティエンタァイシャン
大邑／大邑 ダアイイ
街子古鎮／街子古镇 ジエツウグゥチェン
元通古鎮／元通古镇 ユゥエントォングゥチェン
懐遠古鎮／怀远古镇 フゥアイユゥエングゥチェン
平楽古鎮／平乐古镇 ピンラアグゥチェン
西来古鎮／西来古镇 シイライグゥチェン
郫都／郫都 ピイドウ
青城山後山／青城山后山 チンチェンシャンホォウシャン

Bei Jiao Qu
北郊外城市案内

成都の北郊外20kmに位置する新都
桂湖や新都宝光寺などの景勝地を抱え
成都市街からのアクセスもよい

新都／新都 ★☆☆
xīn dū
シィンドゥ

　成都市街の北側に位置し、成都の北門と呼ばれてきた新都。新都という名称は、紀元前7世紀に古蜀の王である開明氏が杜宇氏の旧都に対して、ここに新しい都邑をつくったことによる。そのため、春秋時代末期から街はあり、「西蜀第一湖」とたたえられる桂湖(明代の学者楊慎の故居)、後漢以来の古刹の宝光寺を抱える。成都、徳陽、綿陽へと続く経済ベルト上に位置し、医療薬品、食品、電子、車などの産業が盛んになっている。

桂湖／桂湖 ★☆☆
guì hú
グゥイフウ

　蓮とモクセイが群生する桂湖は、唐代より知られた景勝地で、多くの文人に愛されてきた(唐代、街の南にある立地から南湖と呼ばれていた)。明代の学者楊升庵こと楊慎(1488～1559年)がこの湖のほとりに桂樹(モクセイ)を植え、友人に『桂湖曲』を送ったことからこの名前がつけられた。楊慎は神童と呼ばれ、科挙にも合格したが、大礼の儀で嘉靖帝に意見を述べたことで怒りを買い、雲南に流されて、没した(一方で、そのと

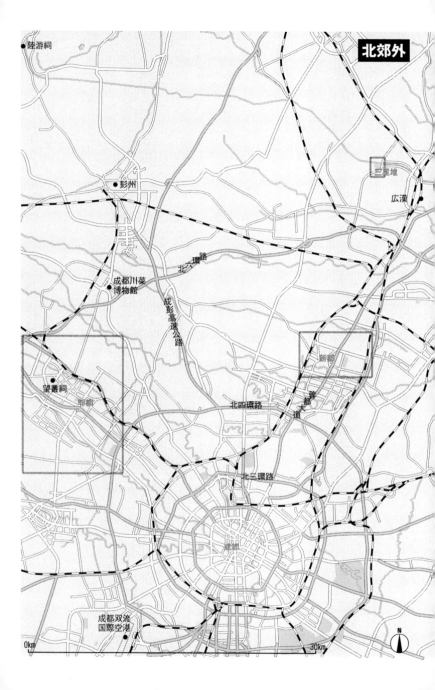

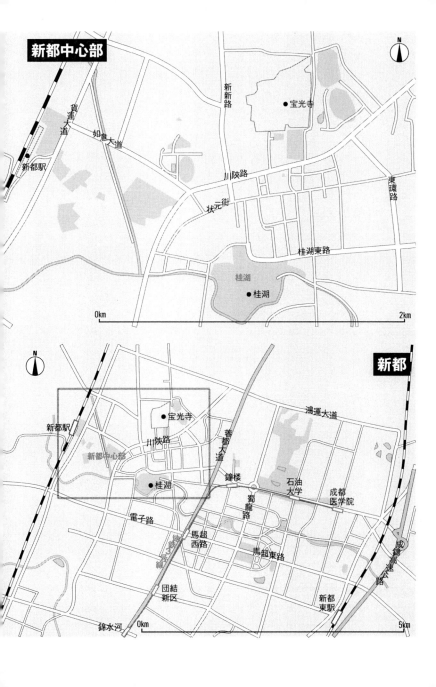

きに多くの書物を読み、多くの著作を残した)。桂湖には、明代の古い城壁が残り、秋には桂樹(モクセイ)の香りでいっぱいになる。

新都宝光寺／新都宝光寺★☆☆
xīn dū bǎo guāng sì
シィンドゥバァオグゥアンスウ

　新都宝光寺は長江流域の四大禅林にあげられる四川省を代表する古刹で、創建は後漢(25〜220年)時代にさかのぼる。唐末の混乱で、四川へ逃れた僖宗(在位873〜888年)はこの寺に滞在(駐蹕)し、3年近くとどまっていた883年のある夜のこと。僖宗が眠れずに散歩していると、宝光塔の廃墟の上に光が放たれていた。「この光は何か?」という問いに、この寺の悟達国師知玄は「陛下が長安に帰られる吉兆です」と答えた。そして、十三粒の真身舎利(如来舎利)の入った石函を発見して、13層の舎利塔を建てたという。宝光寺という寺院名は、この故事に由来する。その後、衰退していたが、清代の1670年に再興され、「天王殿」からなかに入ると、「舎利宝塔」「大雄宝殿」「蔵経楼」「五観堂」へと続く。黒の屋根瓦におおわれた伽藍のなかで、とくに高さ23mの密檐式の13層の舎利宝塔が存在感を見せる。清代の1851年に建立された「羅漢堂」には五百羅漢が安置され、その顔はすべて異なっている。

★★★
三星堆博物館／三星堆博物館　サァンシィンドゥイボオウグゥアン
★★☆
成都川菜博物館／成都川菜博物館　チェンドゥチュアンツァイボオウグゥアン
★☆☆
新都／新都　シィンドゥ
桂湖／桂湖　グゥイフウ
新都宝光寺／新都宝光寺　シィンドゥバァオグゥアンスウ
陸游祠／陆游祠　リュウヨウツゥ
郫都／郫都　ピイドゥ
望叢祠／望丛祠　ワンツォンツゥ

成都の北郊外にある広漢のバスターミナル

四川料理は北京、上海、広東とならぶ中国四大料理のひとつ

四川を代表する古刹の新都宝光寺

内陸部に適した素材、味つけ

成都川菜博物館／成都川菜博物馆★★☆
chéng dū chuān cài bó wù guǎn
チェンドゥチュウアンツァイボオウグゥアン

　成都川菜博物館は、郫都区古城鎮に開館した四川料理の博物館。「川菜」と呼ばれる四川料理は中国四大料理のひとつで、唐辛子や花椒(山椒)を使った辛い味つけで知られる。「一菜一格、百菜百味」「五味調和、百味生香」というように多彩な料理、その料理ごとに異なった特色をもつ(また内陸のために保存食や漬けものが発展した)。麻婆豆腐、棒々鶏、魚香肉絲などの代表的な料理のほか、ザーサイなどの漬けものや、豆板醤などの調味料も名高い。四川の伝統的民居の建物では、清代から変わらない方法で1～6年、寝かせてある郫県豆瓣(川菜之魂)が製造されているほか、歴代の煮食器、酒器などを展示する「展蔵館」、かまどの神さまをまつる「灶王祠」、四川料理店や民居のならぶ「老街」からなる。

陸游祠／陆游祠★☆☆
lù yóu cí
リュウヨウツウ

　南宋の詩人陸游(1125～1210年)は、科挙に合格して宮廷に仕えたが、宰相の秦檜にうとまれ、地方を転々とすることになった(金に対する強硬姿勢から南宋の愛国詩人と言われた)。陸游が46歳のとき、成都府安撫司参議官として四川省へ赴任することになり、47歳から54歳のあいだ、四川で過ごした陸游はこの地に深い思い入れがあり、のちに「1日として蜀を忘れず」と記している(1178年に蜀での詩作が孝宗の目にとまり、帰国が許された)。陸游祠は1173～74年のあいだ、権通判蜀州事として蜀州(現在の崇州)にいたことが縁で、明の洪武(1368～98年)年間に建てられた。陸游の号である放翁からとられた「放翁堂」「同心亭」「信有亭」などが残る。四川赴任にあたって陸游は『入蜀記』を記し、また陸游の詩集は四川の地名をとった『剣南詩稿』と名づけられている。この陸游と同時代に、范

成大が成都府に赴任している。

San Xing Dui
三星堆鑑賞案内

三星堆遺跡の発見は、20世紀考古学の発見
黄河文明や長江文明にもくらべられる古代文明が
ここ成都郊外の三星堆にあった

三星堆博物館／三星堆博物馆★★★
sān xīng duī bó wù guǎn
サァンシィンドゥイボオウウグゥアン

　黄金の仮面(マスク)や神樹、巨大な目や耳の像が出土し、黄河文明と長江文明とも異なる中国第3の古代文明にもあげられる三星堆文明。長江上流域の成都平原、広漢市の西の鴨子河畔のちょうど巨大な扇状水系の北角にあたる三星堆からは、1920年代より玉器や土器が出土、そして1986年に多数の玉器、青銅製人像、仮面、金の杖、純金のデスマスク、大量の青銅器が発掘された。それらは黄河流域で殷の栄えた紀元前2000〜前900年ごろのもので、三星堆は長江上流域の新石器文化を継承し、殷の青銅器文化の影響を受けながら独自に発展した。三星堆遺跡からは、たくさんの青銅製人頭像、面像、面具が出土し、そのため「謎の仮面王国」などとも呼ばれてきた。三星堆人は、柱を立て、泥で壁をつくり、地面を床として生活した。養蚕、柏樹信仰、鵜飼、霊亀信仰、聖石崇拝をともなう稲作文化が基礎にあったと考えられ、長江に通じる岷江と沱江が交通幹線として利用された(三星堆遺跡の出土品にうかがえる太陽信仰は、四川の山岳地から下りてきた人がもたらしたとされる)。三星堆博物館は1997年に開業し、発掘品を展示する博物館のほか、東、西、南城壁と月亮湾内城壁、三星郷などが位置する。

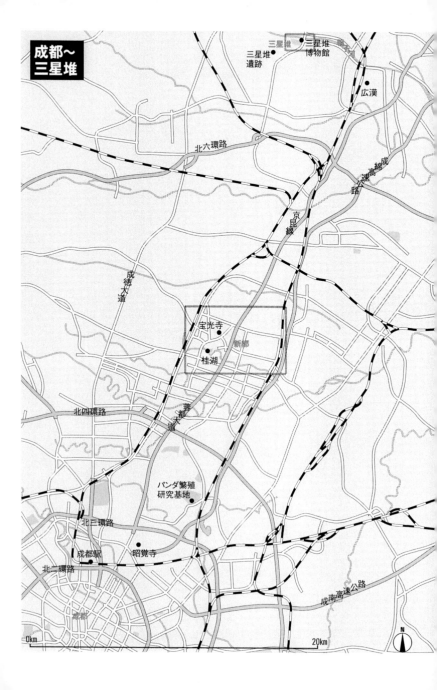

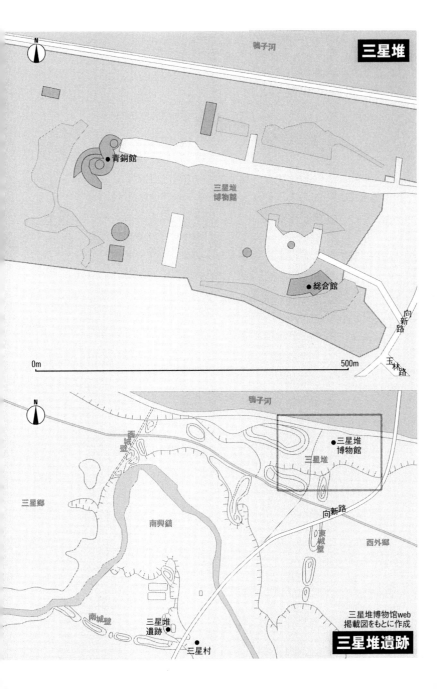

三星堆博物館の構成

　三星堆博物館は、総合館(第一展館)と青銅館(第二展館)からなる。総合館には古蜀2000年の移り変わり「雄踞西南」、貝や漆器などを展示した三星堆の農業と商業貿易の「物華天府」、工芸技術の進歩がうかがえる三星堆陶器「化土成器」、儀礼に使われた玉を展示する三星堆玉石器「以玉通神」、三星堆の冶金技術をうかがえる三星堆冶錬「烈火熔金」、蜀人の宗教対象となっていた古蜀人智慧と精神的象徴「通天神樹」などが展示されている。一方の青銅器館では、目の突き出した青銅器の奇秘面具「銅鋳幻面・寄載魂霊」、神官たちの彫像をまつる神巫群像「赫赫諸神・森森群巫」、国の祭祀をテーマにした祭祀大典「皇天后土・人神共舞」、両手を前にかかげた群巫の長「矗立凡間・溝通天地」、祭祀に使った器などの奇絶的宗廟神器「千載蜀魂」、三星堆の発掘にまつわる三星堆考古録「心路暦程」が見られる。

通天神樹／通天神樹★★☆
tōng tiān shén shù
トォンティエンシェンシュウ

　古蜀人の智慧と精神性の象徴である天に通じる神樹「通天神樹」。高さ3.95mに達する青銅神樹は、太陽信仰の象徴で、原始宗教の宇宙樹、天人合一の生命力の表れと見られる。この木は『山海経』に見える想像上の木「扶桑」の原型となるものではないか、と考えられている。

★★★
三星堆博物館／三星堆博物館　サァンシィンドゥイボオウグゥアン

★☆☆
三星堆遺跡／三星堆遺址　サァンシィンドゥイイイチイ
新都／新都　シィンドゥ
桂湖／桂湖　グイフウ
新都宝光寺／新都宝光寺　シィンドゥバァオグゥアンスウ

生命力の象徴でもある通天神樹

目が飛び出している、蜀の王は縦目という記述を証明した

何かをもっていたのだろうか、轟立凡間・溝通天地

中国史を書きかえる発見だった三星堆の博物館

銅鋳幻面・寄載魂霊／铜铸幻面・寄载魂灵 ★★☆
tóng zhù huàn miàn jì zài hún líng
トンチュウフゥアンミィエンジイザァイフゥンリィン

「蜀侯に蚕叢あり。その目、縦なり。始めて王と称す」。中国の史書『華陽国志』には、「蜀の王は縦目(立体的な出目)であった」と記されていて、「銅鋳幻面・寄載魂霊(奇秘面具)」にはその記述を証明する目の突き出した仮面が展示されている。三星堆から出土した幅1.38mの奇怪なこの仮面は、古蜀国の最初の王である蚕叢の姿を表現したものだと言われ、双眼鏡のように飛び出した青銅面具の目は、遠くを見通す(また長大な両耳や黄金は西アジアの影響とも言われる)。『華陽国志』の華陽とは、陝西省の華山よりも南の地方一体を指す言葉。

矗立凡間・溝通天地／矗立凡间・沟通天地 ★★☆
chù lì fán jiàn gōu tōng tiān dì
チュウリイファンジィアンゴォウトォンティエンディイ

高さ2.62mの台座つき立人像の「矗立凡間・溝通天地(群巫之長)」。青銅製の率人像で、両手で何かをもっていたかのような姿をしている。

三星堆遺跡／三星堆遗址 ★☆☆
sān xīng duī yí zhǐ
サァンシィンドゥイイイチイ

鴨子河の南岸に残る古代文明の三星堆遺跡。ここから1986年に青銅製人像、仮面、純金のデスマスク、青銅器が発掘された(紀元前2000〜前900年ごろのもの)。東城壁、南城壁、西城壁が残り、三星堆遺跡は南城壁近くに位置する。

Daisanno 中国第3の古代文明

長江上流域の中国内陸部にあった古代文明
目の飛び出した仮面や黄金のマスクから
謎の仮面王国と呼ばれた三星堆の姿

内陸中国の古代文明

　夏殷周といった古代王朝を出現させた、中国文明は黄河中流域に栄えていた。一方、長江下流域でも、河姆渡遺跡や良渚遺跡が発掘され、稲作、漁労をなりわいとした高度な文明（長江文明）があり、のちに春秋時代の呉や越、楚へとつながっていたことがわかった。それに対して、長江上流域の開発は、もっと後の秦代や漢代にはじまったと思われていた。しかし、1986年に成都郊外の三星堆から、他の中国では見たこともない目の飛び出した仮面、黄金のデスマスクなどが発掘され、殷代とほぼ同時期に、祭祀を行ない、高床建築をもつ古代文明があったことが確認された。それは中原や長江下流域とは異なった性格のもので、この文明では黄金が重視され、ジッグラト（羊子山遺跡）があったことから、中央アジアや西アジアなど、西方との関わりも推測されている。

『蜀王本紀』に描かれた古蜀の姿

　楊雄の『蜀王本紀』には、古代四川（古蜀）で蚕叢、柏灌、魚鳧、開明が王を名乗り、漢族とは異なる服装、髪型、文字を知らないままで、3万4千年を経ていると記されている。最初の王である蚕叢は、最初、岷山の石室に暮らしていて、人び

とに養蚕を教えたといい、「蜀」という文字と、養蚕の関係も指摘される。蚕叢、柏灌、魚鳧ののち、望帝杜宇が蜀王を名乗り、人びとに農業を教えたという(古蜀国は山から平野部に下りてきた)。この古蜀の人たちは羌族や氐族といった、現在のイ族のようなチベット・ビルマ語系統の民族だったと考えられている。望帝杜宇に代わった叢帝鼈霊は、治水を成功させ、開明帝を名乗った。またその後の古蜀の王も開明を名乗った。時代がくだって春秋戦国時代、中原進出を模索する秦が蜀(四川)を攻め、紀元前316年、古蜀は秦恵王の軍の張儀らによって滅ぼされた。そして、秦から1万戸の民がこの地へ移住させられ、蜀(四川)は中国化していった。

古蜀伝説と三星堆

　古蜀の伝説に見られる蚕叢、柏灌、魚鳧はそれぞれ王朝のことで、蚕叢王朝、柏灌王朝、魚鳧王朝は三星堆文明の第1〜4期に対応するという考えがある。当初、岷江上流の山岳地帯にいた蚕叢王朝(紀元前1700年ごろ)は、成都平原の三星堆へと遷ってきた。蚕叢王朝＝宝墩文化で、柏灌王朝のときに三星堆に定住し、魚鳧王朝が三星堆文明の最盛期の第3期(紀元前1400年ごろ)と第4期にあたるという(三星堆遺跡では第2期から巨大な城壁が築かれはじめ、第3期が三星堆遺跡の最盛期だった)。杜宇王朝(紀元前1100年ごろ)がこれを倒して、都を成都近くの郫県もしくは瞿上に遷した。こうして四川の政治、経済の中心は岷江上流から、三星堆、成都地区へと移動していった。このあいだ成都に残る十二橋文化、金沙遺跡は、ちょうど三星堆遺跡と同時代にあたり、古蜀の伝説では魚鳧王朝の時代だと推測されている。

美しい円形の玉　　　　　　　　三星堆＝古蜀国の人びとの様子

参考文献

『中国四川省・都江堰と岷江流域の水文・地形環境』(佐藤照子/MACRO REVIEW)
『成都 最も幸福感のある街』(郭穎/ジェトロセンサー)
『表象された地主像と民衆の記憶--四川省大邑県劉氏荘園「収租院」から考える』(山本真/中国研究月報)
『四川省大邑県地主庄園陳列館編「万悪的地主庄園」』(荒山勝元訳/中国研究月報)
『四川紀行』(今井駿/而立書房)
『陸游と四川人士の交流』(甲斐雄一/日本中国学会報)
『古蜀史』(成家徹郎/大東文化大学人文科学研究所)
都江堰旅游门户网http://www.djy517.com/
三星堆博物馆http://www.sxd.cn/
川菜博物馆http://www.cdccbwg.com/
[PDF]成都地下鉄路線図http://machigotopub.com/pdf/chengdumetro.pdf
[PDF]成都空港案内http://machigotopub.com/pdf/chengduairport.pdf
『世界大百科事典』(平凡社)

まちごとパブリッシングの旅行ガイド
Machigoto INDIA , Machigoto ASIA , Machigoto CHINA

北インド-まちごとインド

001　はじめての北インド
002　はじめてのデリー
003　オールド・デリー
004　ニュー・デリー
005　南デリー
012　アーグラ
013　ファテープル・シークリー
014　バラナシ
015　サールナート
022　カージュラホ
032　アムリトサル

西インド-まちごとインド

001　はじめてのラジャスタン
002　ジャイプル
003　ジョードプル
004　ジャイサルメール
005　ウダイプル
006　アジメール（プシュカル）
007　ビカネール
008　シェカワティ
011　はじめてのマハラシュトラ
012　ムンバイ
013　プネー
014　アウランガバード
015　エローラ
016　アジャンタ

021　はじめてのグジャラート
022　アーメダバード
023　ヴァドダラー（チャンパネール）
024　ブジ（カッチ地方）

東インド-まちごとインド

002　コルカタ
012　ブッダガヤ

南インド-まちごとインド

001　はじめてのタミルナードゥ
002　チェンナイ
003　カーンチプラム
004　マハーバリプラム
005　タンジャヴール
006　クンバコナムとカーヴェリー・デルタ
007　ティルチラパッリ
008　マドゥライ
009　ラーメシュワラム
010　カニャークマリ
021　はじめてのケーララ
022　ティルヴァナンタプラム
023　バックウォーター（コッラム～アラップーザ）
024　コーチ（コーチン）
025　トリシュール

ネパール-まちごとアジア

001 はじめてのカトマンズ
002 カトマンズ
003 スワヤンブナート
004 パタン
005 バクタプル
006 ポカラ
007 ルンビニ
008 チトワン国立公園

バングラデシュ-まちごとアジア

001 はじめてのバングラデシュ
002 ダッカ
003 バゲルハット(クルナ)
004 シュンドルボン
005 プティア
006 モハスタン(ボグラ)
007 パハルプール

パキスタン-まちごとアジア

002 フンザ
003 ギルギット(KKH)
004 ラホール
005 ハラッパ
006 ムルタン

イラン-まちごとアジア

001 はじめてのイラン
002 テヘラン
003 イスファハン
004 シーラーズ
005 ペルセポリス
006 パサルガダエ(ナグシェ・ロスタム)
007 ヤズド
008 チョガ・ザンビル(アフヴァーズ)
009 タブリーズ
010 アルダビール

北京-まちごとチャイナ

001 はじめての北京
002 故宮(天安門広場)
003 胡同と旧皇城
004 天壇と旧崇文区
005 瑠璃廠と旧宣武区
006 王府井と市街東部
007 北京動物園と市街西部
008 頤和園と西山
009 盧溝橋と周口店
010 万里の長城と明十三陵

天津-まちごとチャイナ

001 はじめての天津
002 天津市街
003 浜海新区と市街南部
004 薊県と清東陵

上海-まちごとチャイナ

001 はじめての上海
002 浦東新区
003 外灘と南京東路
004 淮海路と市街西部

005 虹口と市街北部
006 上海郊外（龍華・七宝・松江・嘉定）
007 水郷地帯（朱家角・周荘・同里・甪直）

河北省-まちごとチャイナ

001 はじめての河北省
002 石家荘
003 秦皇島
004 承徳
005 張家口
006 保定
007 邯鄲

江蘇省-まちごとチャイナ

001 はじめての江蘇省
002 はじめての蘇州
003 蘇州旧城
004 蘇州郊外と開発区
005 無錫
006 揚州
007 鎮江
008 はじめての南京
009 南京旧城
010 南京紫金山と下関
011 雨花台と南京郊外・開発区
012 徐州

浙江省-まちごとチャイナ

001 はじめての浙江省
002 はじめての杭州
003 西湖と山林杭州
004 杭州旧城と開発区
005 紹興
006 はじめての寧波
007 寧波旧城
008 寧波郊外と開発区
009 普陀山
010 天台山
011 温州

福建省-まちごとチャイナ

001 はじめての福建省
002 はじめての福州
003 福州旧城
004 福州郊外と開発区
005 武夷山
006 泉州
007 廈門
008 客家土楼

広東省-まちごとチャイナ

001 はじめての広東省
002 はじめての広州
003 広州古城
004 天河と広州郊外
005 深圳（深セン）
006 東莞
007 開平（江門）
008 韶関
009 はじめての潮汕
010 潮州
011 汕頭

遼寧省-まちごとチャイナ

001 はじめての遼寧省
002 はじめての大連
003 大連市街
004 旅順
005 金州新区
006 はじめての瀋陽
007 瀋陽故宮と旧市街
008 瀋陽駅と市街地
009 北陵と瀋陽郊外
010 撫順

重慶-まちごとチャイナ

001 はじめての重慶
002 重慶市街
003 三峡下り(重慶〜宜昌)
004 大足

四川省-まちごとチャイナ

001 はじめての四川省
002 はじめての成都
003 成都旧城
004 成都周縁部
005 青城山と都江堰
006 楽山
007 峨眉山
008 九寨溝

香港-まちごとチャイナ

001 はじめての香港
002 中環と香港島北岸
003 上環と香港島南岸
004 尖沙咀と九龍市街
005 九龍城と九龍郊外
006 新界
007 ランタオ島と島嶼部

マカオ-まちごとチャイナ

001 はじめてのマカオ
002 セナド広場とマカオ中心部
003 媽閣廟とマカオ半島南部
004 東望洋山とマカオ半島北部
005 新口岸とタイパ・コロアン

Juo-Mujin(電子書籍のみ)

Juo-Mujin香港縦横無尽
Juo-Mujin北京縦横無尽
Juo-Mujin上海縦横無尽
Juo-Mujin台北縦横無尽
見せよう! 上海で中国語
見せよう! 蘇州で中国語
見せよう! 杭州で中国語
見せよう! デリーでヒンディー語
見せよう! タージマハルでヒンディー語
見せよう! 砂漠のラジャスタンでヒンディー語

自力旅游中国Tabisuru CHINA

001　バスに揺られて「自力で長城」
002　バスに揺られて「自力で石家荘」
003　バスに揺られて「自力で承徳」
004　船に揺られて「自力で普陀山」
005　バスに揺られて「自力で天台山」
006　バスに揺られて「自力で秦皇島」
007　バスに揺られて「自力で張家口」
008　バスに揺られて「自力で邯鄲」
009　バスに揺られて「自力で保定」
010　バスに揺られて「自力で清東陵」
011　バスに揺られて「自力で潮州」
012　バスに揺られて「自力で汕頭」
013　バスに揺られて「自力で温州」
014　バスに揺られて「自力で福州」
015　メトロに揺られて「自力で深圳」

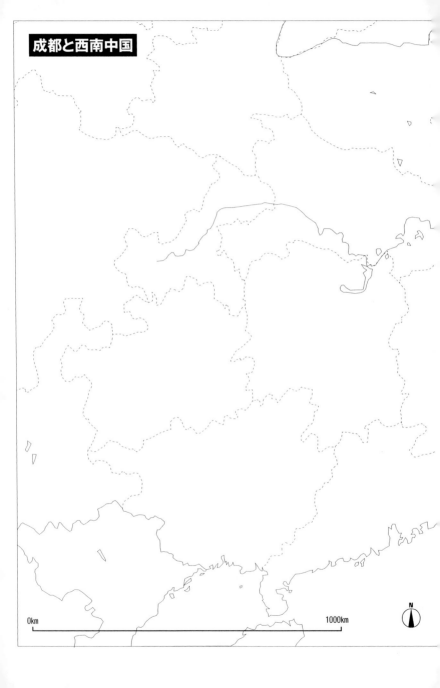

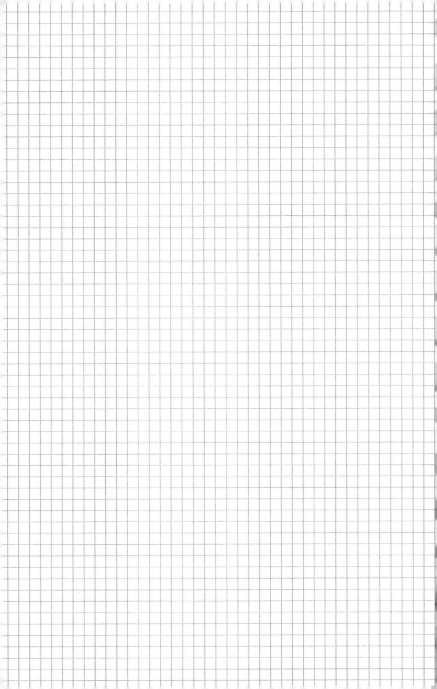

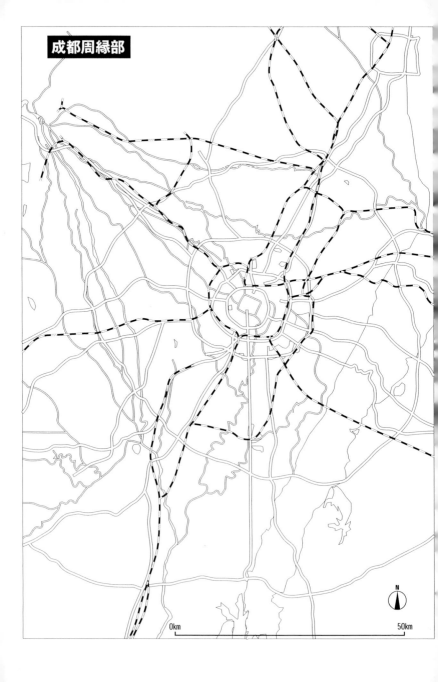

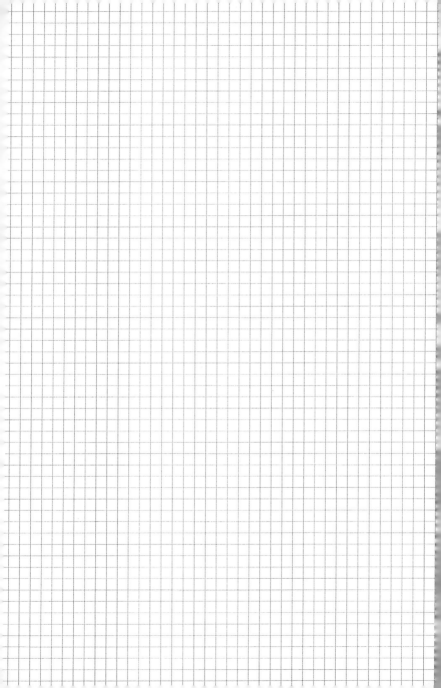

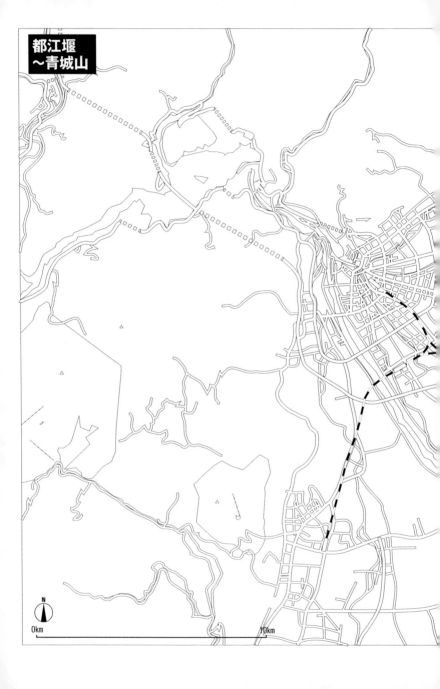

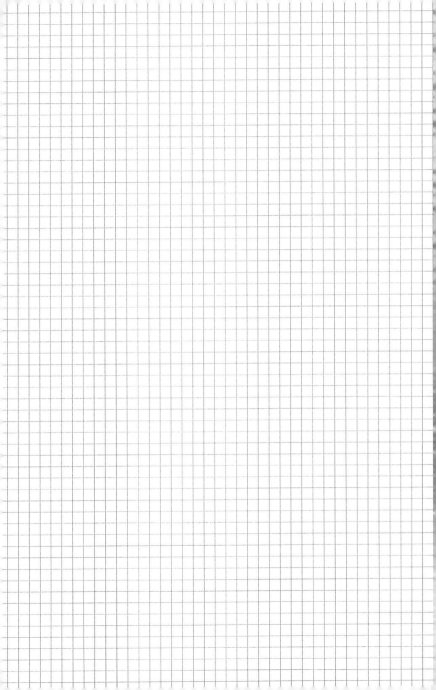

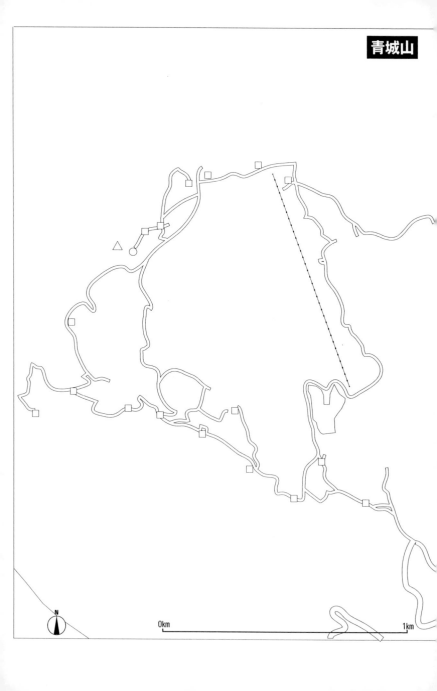

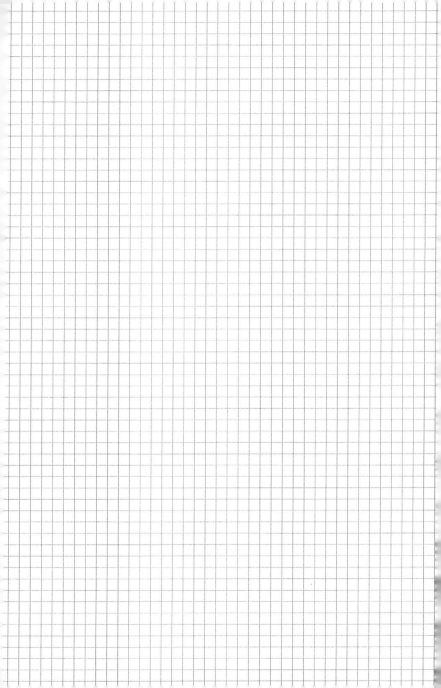

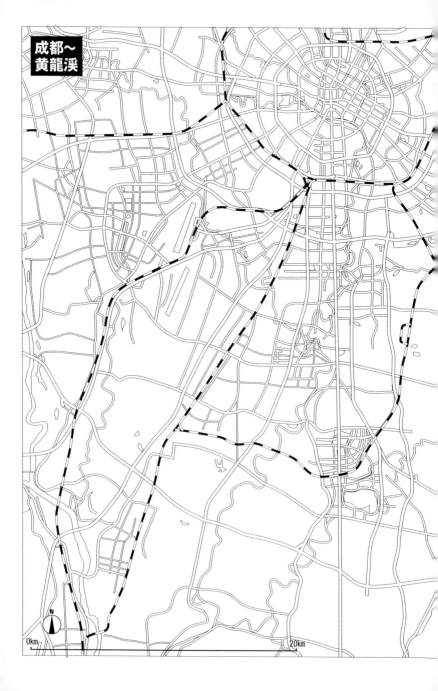

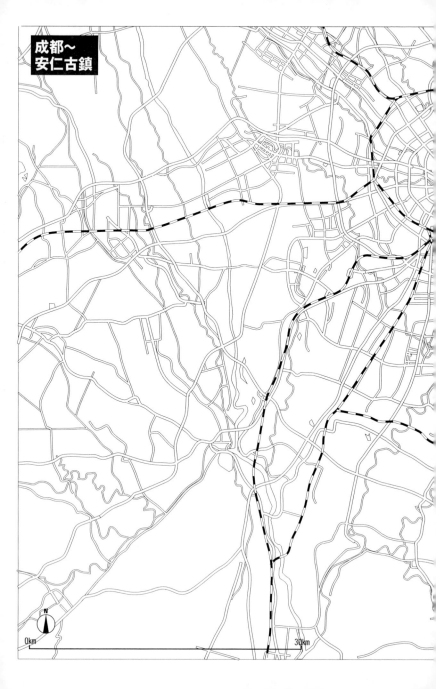

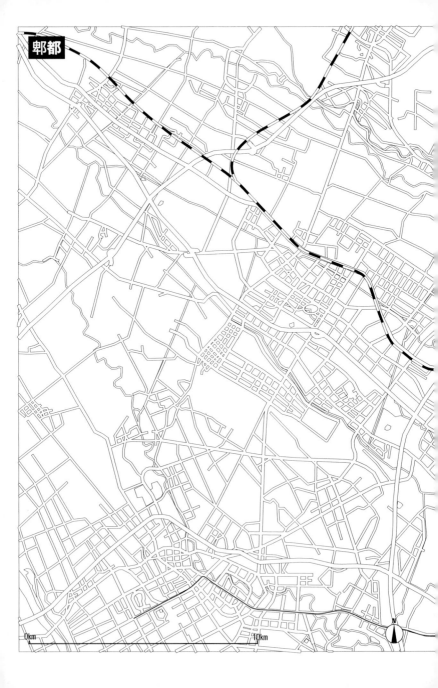

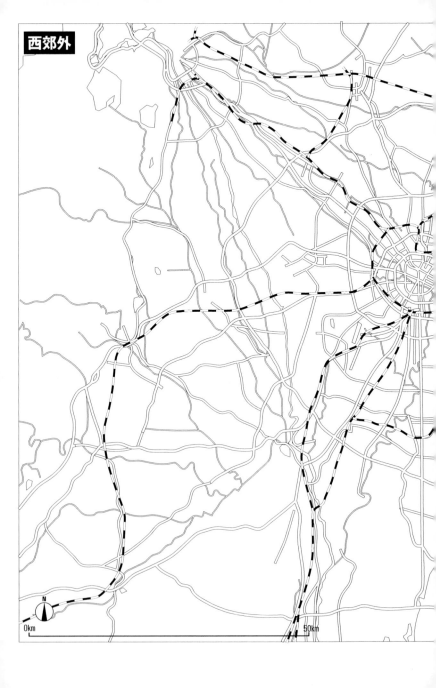

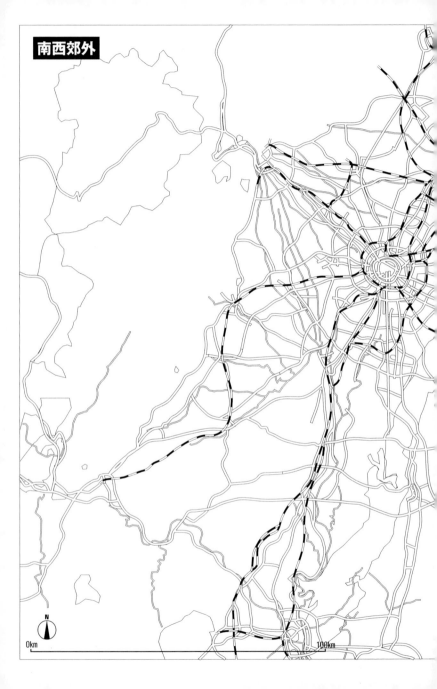

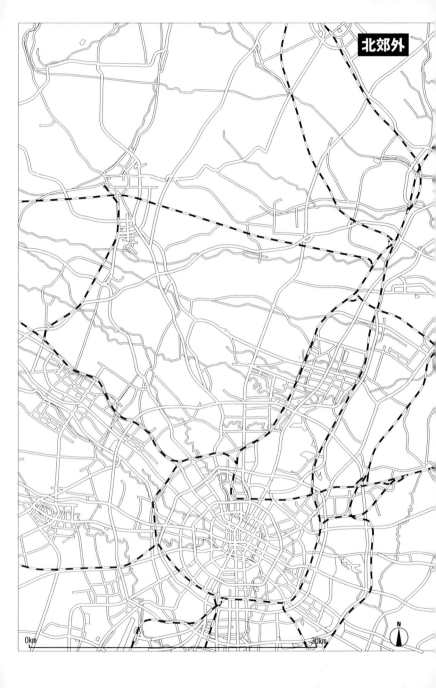

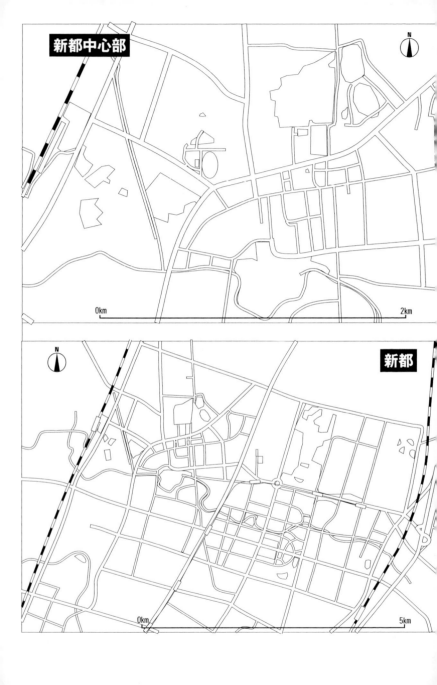

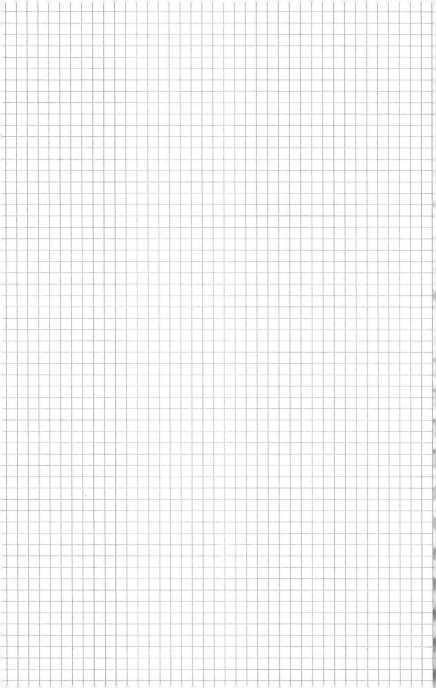

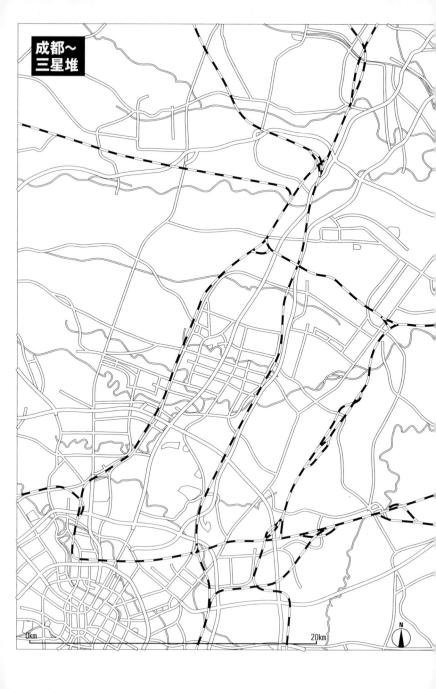
成都〜三星堆

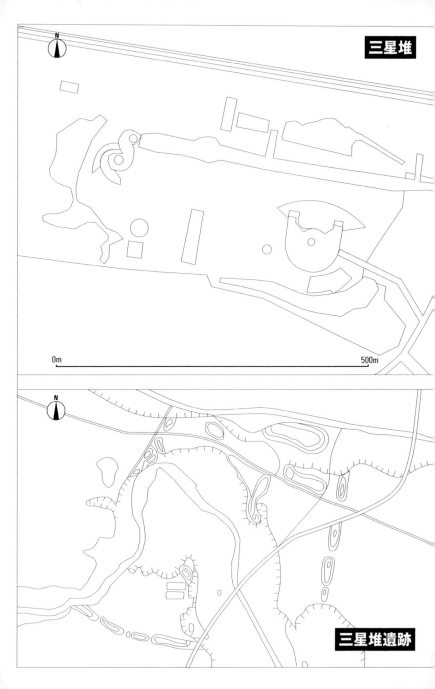

【車輪はつばさ】
南インドのアイラヴァテシュワラ寺院には
建築本体に車輪がついていて
寺院に乗った神さまが
人びとの想いを運ぶと言います

An amazing stone wheel of the Airavatesvara Temple
in the town of Darasuram, near Kumbakonam in the South India

まちごとチャイナ
四川省 005

青城山と都江堰
「天府の国」の原像訪ねて
[モノクロノートブック版]

「アジア城市（まち）案内」制作委員会
まちごとパブリッシング
http://machigotopub.com

- 本書はオンデマンド印刷で作成されています。
- 本書の内容に関するご意見、お問い合わせは、発行元の
  まちごとパブリッシング info@machigotopub.com までお願いします。

まちごとチャイナ
四川省005青城山と都江堰
~「天府の国」の原像訪ねて[モノクロノートブック版]

2019年 9月15日　発行

著　者	「アジア城市（まち）案内」制作委員会
発行者	赤松　耕次
発行所	まちごとパブリッシング株式会社 〒181-0013　東京都三鷹市下連雀4-4-36 URL http://www.machigotopub.com/
発売元	株式会社デジタルパブリッシングサービス 〒162-0812　東京都新宿区西五軒町11-13 清水ビル3F
印刷・製本	株式会社デジタルパブリッシングサービス URL http://www.d-pub.co.jp/

MP212

ISBN978-4-86143-359-7 C0326　　　　Printed in Japan
本書の無断複製複写（コピー）は、著作権法上での例外を除き、禁じられています。